Christian Schmid
Blas mer i d Schue

Christian Schmid

Blas mer i d Schue

75 Redensarten –
Herkunft und Bedeutung
Cosmos Verlag

Für Praxedis
Giacun und Silvana
Tobias und Christoph

4. Auflage 2014

Alle Rechte vorbehalten
© 2013 by Cosmos Verlag, CH-3074 Muri bei Bern
Lektorat: Roland Schärer
Umschlag: Stephan Bundi, Boll
Satz und Druck: Schlaefli & Maurer AG, Interlaken
Einband: Schumacher AG, Schmitten
ISBN 978-3-305-00437-9

www.cosmosverlag.ch

Inhalt

Die Bildergalerie der Sprache 8

Abfaare Züri füfzg 13
Wüsse, wo Baartli dr Moscht holt 16
E Bäär ufbinde 19
E Bäredienscht leischte 23
Blaas mer i d Schue 26
Das geit über ds Boonelied 31
Mit däm isch nid guet Chiirschi z ässe 34
Kes Chilcheliecht sii 37
E Choorb gää 40
Es Chrüz a d Tili mache 44
Über ds Chübeli büüre 46
Das geit uf ke Chuehut 49
Dräck am Stäcke haa 52
In Egi haa 55
Z Fade schlaa 57
Ke Fäderläsis mache 59
Keni Fisimatänte mache 63
Füfi la graad sii 66
Ds füfte Raad am Wage sii 70
Ds Füür im Elsass gsee 73
Es isch Füür im Tach 75
Uf ds Gäder gaa 79
I ds Graas biisse 81
Ds Gurli fiegge 84
D Haar stö z Bäärg 87
Haar uf de Zäng haa 90
Dr Haber sticht ne 92
Öpperem ds Häärz usschütte 95

S isch Hans was Heiri 98
Öpperem heizünte 101
Es isch höchschti Isebaan 104
Es isch gnue Höi dunger 106
Uf em Holzwääg 108
Uf e Hund choo 110
Über d Läbere graagget 113
Dür d Latte 116
Uf dr Latte haa 119
Öpperem d Levite läse 122
Us em letschte Loch pfiiffe 125
Mattääi am Letschte 128
E Metti mache 131
D Milch abegää 133
Mulaffe feil haa 135
Am Narreseili desumefüere 138
Sich sälber a dr Nase nää 141
Ööl am Huet haa 145
Win en Öölgötz 148
Bis über d Oore 151
Vom Pontius zum Pilatus louffe 154
Dr Ringgen iitue 157
E guete Rutsch 160
Schlegel a Wegge 162
Im Schniider sii 164
Über d Schnuer houe 167
Wi am Schnüerli 170
Ke Schuss Pulver wärt sii 172
Schwitze win en Ankepättler 175
A dr Söiglogge zie 178
D Stägen ufgheie 181
Us em Stägreiff 183
Öpperem d Stange haa 185
Bi öpperem e Stei im Brätt haa 188

E Stei i Gaarte schiesse 191
Im Stich laa 194
Läärs Strou trösche 197
Suuffe win e Büürschtebinder 200
I dr Tinte sii 203
Dr Tschuep isch uus 206
Em Tüüfel ab em Chare gheit 209
Em Tüüfel es Oor ab 211
Ufpasse win e Häftlimacher 213
Zwüsche Wolen u Üettlige 216
D Wüürm us dr Nase zie 218
Da isch dr Wuurm drin 220
S Zuckerpapiir het abgschlage 222

Die Bildergalerie der Sprache

Redensarten, die Wissenschaft spricht von Phraseologismen, sind die Bildergalerie der Sprache. Mit ihnen lässt sich Abstraktes so veranschaulichen, dass es unser Alltagsverstand unmittelbar erfassen kann. Wenn wir uns im Alltag zwanglos unterhalten, brauchen wir heute noch gern Redensarten und sagen z. B. *hets dr de Tschip useknallt* für «bist du verrückt geworden», *gib Gaas* «beeile dich» und *i d Rööre luege* für «leer ausgehen, das Nachsehen haben». Wenn wir jedoch in öffentlichen Situationen sprechen, Vorträge halten, Fachgespräche führen, Sachgeschäfte verhandeln und schreiben, sind wir, was den Gebrauch von Redensarten betrifft, viel zurückhaltender. Wir sind der Meinung, Redensarten seien einer sachlichen oder fachlichen Argumentation nicht zuträglich. Wir setzen sprachliche Fach- und Sachkompetenz gern mit einem Sprachstil gleich, der das verallgemeinerte Abstrakte dem anschaulich Konkreten vorzieht.

Vieles hat dazu geführt, dass wir gelernt haben, uns in unserer öffentlichen Sprache in den letzten zweihundert Jahren weniger sinnlich-konkret auszudrücken: die Entwicklung einer allgemeinen Lese- und Schreibfähigkeit, der Einfluss der Amtssprache auf die öffentliche Sprache, den Karl Korn in seinem Buch «Sprache in der verwalteten Welt» bereits 1958 beklagt hat, die Ausbildung vieler Fachsprachen, die oft sehr hermetisch, d. h. für Laien unverständlich sind, in den letzten Jahrzehnten der Druck zur Verknappung, vor allem auch in den elektronischen und den Printmedien, und die in der deutschen Sprache nicht ausrottbare Tendenz, Fachkompetenz mit einer schwer verständlichen Ausdrucksweise zu signalisieren.

Diese Entwicklung wirkt sich insofern auf die Alltagssprache aus, als die gesprochene Sprache, also auch die Mundart, in den elektronischen Medien, und zwar die Sprache der Moderation wie auch die Beitragssprache, in der Regel schriftlich vorformuliert und damit entsinnlicht wird. Radiomundart weist eine markant geringere Dichte an Redensarten auf als die gewöhnliche Alltagsmundart.

Blickt man auf die Zeit vom 15. bis ins 18. Jahrhundert zurück, sind die Verhältnisse ganz anders. Geistliche und weltliche Autoren waren bemüht, sich in ihren Schriften, die für ein breites Publikum gedacht waren, wie z. B. geistliche Ermahnungs- und Erbauungsliteratur, Predigten, Hausbücher, Ratgeber aller Art, historische Berichte sowie Kalender, anschaulich und konkret auszudrücken. Sie schrieben ja für ein noch wenig lesegeübtes Publikum, welches die Abstraktion vom konkreten Einzelfall, den verallgemeinerten Sachverhalt nicht gut verstand. Ihre Texte wimmeln förmlich von Redensarten. Viele von ihnen, z. B. der Reformator Martin Luther, der Barockprediger Abraham a Sancta Clara und der Schriftsteller Hans Jakob Christoffel von Grimmelshausen, sind für ihren treffenden Gebrauch von Redensarten heute noch bekannt. Der Theologe und Satiriker Sebastian Franck, der Buchdrucker Christian Egenolff und andere haben Sammlungen von Redensarten und Sprichwörtern angelegt. Ein Grossteil der Redensarten, die wir heute noch benutzen, auch in der Mundart, geht auf diese Zeit zurück.

Viele Redensarten muss man nicht erklären, weil wir sie unmittelbar verstehen, so z. B. *dr Marsch blaase* «sagen, wos langgeht», *nach em Räge schiint d Sunne* «auf Leid folgt Freude» und *si si wi Hund und Chatz* «sie mögen einander nicht». Einige Redensarten sind geflügelte Worte, d. h. sie gehen auf literarische Texte zurück, wie z. B. *es isch höchschti Isebaan*. Die meisten haben jedoch eine anonyme Signatur; wir wissen nicht, wer sie «erfunden» hat.

Bei vielen Redensarten geht für die Benutzer der Bezug zum konkreten Bild, das hinter der Redensart steht, mit der Zeit verloren. Wir alle sagen *ufpasse win e Häftlimacher*, obwohl nur noch die wenigsten wissen, was ein Häftlimacher ist. Die meisten brauchen noch die Redensart *itz isch gnue Höi dunger,* kennen die konkreten örtlichen Verhältnisse mit der Heubühne über der Futtertenne oder über dem Stallgang aber nicht mehr.

Gewisse Redensarten, wie z. B. *die Flinte ins Korn werfen,* sind nur in der Schriftsprache geläufig, andere, wie z. B. *in Egi haa,* nur in der Mundart. Die meisten der in diesem Buch erklärten Redensarten sind jedoch in beiden Sprachformen geläufig, manchmal mit kleinen formalen Abweichungen wie bei *durch die Lappen gehen* und *dür d Latte gaa*. Ich gehe beim Erklären immer von der Mundartform aus. Die Redensarten, die ich erläutere, sind, bis auf wenige Ausnahmen, heute noch in Gebrauch.

Ich habe dieses Buch geschrieben, obwohl es einige Sammlungen von mundartlichen Redensarten gibt. Es sind jedoch reine Sammlungen, die oft nicht einmal angeben, was die Redensarten meinen. Für mich sind solche Sammlungen weitgehend wertlos, weil mich vor allem interessiert, woher Redensarten kommen. Im Hochdeutschen gibt es von Duden «Das grosse Buch der Zitate und Redewendungen» und «Redewendungen»; beide sind, was Herkunftserklärungen betrifft, nicht sehr ergiebig. Das dreibändige «Lexikon der sprichwörtlichen Redensarten» von Lutz Röhrich ist heute noch das beste Nachschlagewerk dieser Art. Auch hier sind jedoch manche Herkunftserklärungen ergänzungsbedürftig, andere fehlen ganz. Im Internet wird in Bezug auf Redewendungen viel behauptet, viel Falsches zumal, und nichts belegt. Und weil das Internet das Königsmedium des gegenseitigen Abschreibens ist, vervielfacht sich das Behauptete und das Falsche.

Wohl der wichtigste Teil meiner Erklärungen sind die Belege, denn sie bilden ihr Grundgerüst. Ich will belegen, was ich erkläre, in der Regel vom ersten mir bekannten Beleg bis heute. Weil viele dieser Belege aus dem späten Mittelalter und der frühen Neuzeit stammen, mute ich der Leserin und dem Leser zu, älteres geschriebenes Deutsch zu lesen. Das heisst sicher, dass sie gewisse Zitate zweimal lesen müssen. Aber diese Zitate sind auch das Salz in der Sprachsuppe, denn sie sind oft von einer derart kräftigen Anschaulichkeit, manchmal derb, manchmal poliert, dass es für den Sprachliebhaber ein Genuss ist, sie sich laut lesend zu Gemüte zu führen. Ganz Schwieriges habe ich übersetzt, bei einzelnen unverständlichen Wörtern die Übersetzung in Klammern beigefügt. Also, keine Angst vor fremden Wortbildern wie *bätten, uff, unnd, zänen, zinden* statt *beten, auf, und, Zähnen, zünden!*

Meine Mundart schreibe ich nach Dieth, d. h. ich schreibe sie lautnah, die kurzen Vokale einfach, die langen doppelt. Zitierte Mundart schreibe ich so, wie ich sie der Quelle entnommen habe. Auch die oft abenteuerlichen Schreibungen von Internetbeispielen habe ich nicht verändert.

Vereinzelt gebe ich zur Illustration von Sachverhalten Beispiele an in einer Form, die im geschriebenen Deutsch nicht vorkommt. Diese Beispiele habe ich mit einem Asteriskus (*) gekennzeichnet, z. B. *fährtig für *fertig*.

Meine Arbeit wäre nicht möglich gewesen ohne Wörterbücher und ohne das Internet. Allen voran das Wörterbuch der schweizerdeutschen Sprache (www.idiotikon.ch) und das Wörterbuchnetz (www.woerterbuchnetz.de) mit dem Deutschen Wörterbuch sowie vielen regionalen und historischen Wörterbüchern. Oft zitiere ich auch aus regionalen schweizerischen Mundartwörterbüchern. Eine ganze Reihe von Erklärungen führt jedoch über Röhrich und das Wissen der grossen historischen Wörterbücher hinaus, weil heute

Hunderte von Texten aus dem späten Mittelalter und der frühen Neuzeit auf dem Internet zugänglich sind. Das ist ein wunderbarer Sprachschatz, der für alle Interessierten geöffnet worden ist. Allerdings muss derjenige, der nach Wörtern und Ausdrücken sucht, verschiedenste Wortformen durchtesten, weil es in jener Zeit noch keine normierte Schreibung gab. Er muss den Computer manchmal auch überlisten, weil dieser alte Schriftarten fehlerhaft liest.

Ich hoffe, dass die fünfundsiebzig Geschichten den Leserinnen und Lesern Antworten geben auf Fragen, dass sie ihnen Spass machen und dass sie ihre Neugier wecken auf das Abenteuer Sprache, das wir mitgestalten und das nur jenseits aller sprachwissenschaftlichen Generalisierungen seine ganze Fülle offenbart.

Abfaare Züri füfzg

Abfaare Züri füfzg bzw. *Züri 50* oder *zürifüfzg* meint «jetzt aber nichts wie weg, sofort verschwinden», z. B. *itz heit dr mi lang gnue geergeret mit öiem Läärme, abfaare Züri füfzg*.

Die Redensart *abfaare Züri füfzg* kenne ich aus meiner Kinderzeit in den 1950er-Jahren noch gut. War man z. B. als Kind schon mehrfach aufgefordert worden, ins Bett zu gehen, und hatte der Aufforderung nicht Folge geleistet, konnte der Vater mahnen: *Itz aber abfaare Züri füfzg*. Soweit ich mich erinnere, brauchte man den Ausdruck entweder in der Grundform: *Soo, dir Buebe, abfaare Züri füfzg* oder in der erweiterten Form *soo, dir Buebe, faaret ab, aber Züri füfzg*.

Abfaare Züri füfzg besteht demnach aus dem Wort *abfaare* und dem Ausdruck *Züri füfzg*. Mundartliches *abfaare* meint in der traditionellen Bedeutung nicht «wegfahren», sondern «weggehen». Bis in die frühe Neuzeit hatte *fahren* die allgemeine Bedeutung «gehen», und zwar jede Art von Gehen, zu Fuss, auf Pferd oder Wagen und mit dem Schiff. Deshalb sprach und spricht man von *fahrenden Schülern*, von *Wallfahrt* und sagt noch heute *Christi Himmelfahrt* und *Alpauffahrt* sowie *fertig*, was eigentlich **fährtig* «bereit zu gehen» meint.

Faar ab sagen wir grob für «geh weg, hau ab» und, soll jemand etwas unverzüglich beseitigen, *faar ab dermit*, z. B. *faar ab mit dene fulen Öpfle, süsch stecke si no di anderen aa*. Die Grundbedeutung «weggehen, abhauen» der Redensart *abfaare Züri füfzg* ist also schon im Wort *abfaare* enthalten; *Züri füfzg* ist ein verstärkender Ausdruck mit der Bedeutung «sofort, unverzüglich».

Domenico Blass behauptet im Züri-Slängikon, die Redensart *abfaare Züri füfzg* gehe zurück auf die Postleitzahl 8050 der Poststelle Zürich-Oerlikon. Das kann nicht sein, weil die Postleitzahlen erst 1964 eingeführt wurden, die Redensart jedoch deutlich älter ist.

Laut mündlicher Überlieferung soll der Ausdruck *Züri füfzg* mit der Bedeutung «sofort, sogleich» aus jener Zeit stammen, als die Poststelle Oerlikon noch direkt beim Bahnhof Oerlikon war. 1934 wurde Oerlikon als Kreis 11 in die Stadt eingemeindet, und wenige Jahre darauf erhielt die Poststelle Oerlikon die Kennzeichnung *Zürich 50*. Zu jener Zeit war die Lage von Zürich 50 ein Standortvorteil, der sich darin äusserte, dass von Oerlikon aus beförderte Post deutlich schneller beim Adressaten ankam als die Post umliegender Poststellen. Firmen und Private hätten deshalb eilige Post auch aus dem Einzugsgebiet anderer Poststellen nach Oerlikon gebracht, um sie schnell befördern zu lassen. Arnold Wirz, der Verfasser der Ortsgeschichtlichen Sammlung Seebach (www.ogs-seebach.ch) erzählt:

«Wer dort einen Brief oder ein Paket aufgab, konnte sicher sein, dass diese noch gleichentags spediert wurden. Und zwar mit dem nächsten Zug, und die Pöstler verteilten die Post damals noch bis zu drei Mal täglich! Es konnte also durchaus vorkommen, dass die Post sogar noch gleichentags am Ziel ankam. Und genau hier ist der Begriff ‹Züri 50 = sauschnell› entstanden. Mit der Nähe zum Bahnhof und der damals noch viel engeren Zusammenarbeit mit den SBB schuf sich die Post Oerlikon einen hervorragenden Ruf für rasche Zustellung weit über die Stadtgrenzen hinaus.»

Abfaare Züri füfzg ist also eine junge Redensart, die um 1940 um Zürich-Oerlikon herum entstanden sein muss. Sie hat sich weit über Zürich hinaus verbreitet, vielleicht in der Soldatensprache des Zweiten Weltkriegs, bis in die Westdeutschschweiz und die Innerschweiz; Karl Imfeld hat *Ziri fifzg* «rasch, schnell» im Jahr 2000 ins Obwaldner Mundart-Wörterbuch aufgenommen. Im Zürichdeutschen Wörterbuch ist *abfaare Züri füfzg* «sofort abfahren» erst in der Ausgabe von 2009 aufgeführt und im Internet schreibt ein Teilnehmer des Forums «Die härtesten Fluchwörter»: «Abfahre Züri 50! (Hab den mal aufgeschnappt irgendwo.)» Dieselbe Bedeutung wie *abfaare Züri füfzg* hat in der Nordostschweiz *abfaare, aber wädli*.

Wüsse, wo Baartli dr Moscht holt

Wüsse, wo Baartli dr Moscht holt meint «Bescheid wissen, mehr wissen als andere»; z. B. *em Max cha men i dere Sach scho troue, dä weis, wo Baartli dr Moscht holt.*

Die Redensart ist seit der Mitte des 17. Jahrhunderts belegt. Einer der ältesten Belege stammt aus der Schweiz, aus einem Gespräch zweier Thurgauer Untertanen aus dem Jahr 1656, in dem die eine Figur sagt: «Andre Lüt, die och wüssen, wo Barthle den Most hollet.» Ebenfalls aus der zweiten Hälfte des 17. Jahrhunderts ist das Gedicht «Man soll mässig seyn» von Christian Weise (1642–1708), dessen letzte Strophe lautet:

«Zuviel, zuviel, zuviel, folgt mir und lernet spahren
Denn hab ich keine Frau,
So weiss ich doch genau,
Wo Bartel Most bekömmt, und habe viel erfahren.
Drum folge, wer da folgen will,
Zuviel, zuviel, zuviel.»

Im 18. und 19. Jahrhundert ist die Redensart gut belegt, z. B. in Johann Heinrich Gottlob von Justis Oeconomischen Schriften von 1767. Er behauptet, «dass alle, die eine Kunst erfunden zu haben, viel Prahlens machen, […] selbst nicht dahin gelanget sind, wo Barthel Most hohlet». In Christoph Friedrich Bretzners Lustspiel «Der argwöhnische Liebhaber» von 1783 sagt eine Figur: «Lassen Sie ihn nur gehn; er wird seine Sache schon machen; er weiss schon wo Bartel Most holt.» In seinem Schulmeisterlein Wutz von 1793 schreibt Jean Paul Richter: «Aus diesem Buche dürft' er, sollt' ers nur einmal ordentlich begreifen, frappant wissen, wo Bartel Most hole.»

Die Redensart *zeige* oder *säge, wo Baartli dr Moscht holt* «zurechtweisen, die Meinung sagen» ist eine spätere, abgeleitete Form. Ein früher Beleg ist aus Arnold Diethelms Stück «Ehrlich währt am längsten» von 1893. Eine Figur sagt über die Bauern: «Respekt vor Denen! Das waren die Ersten, die ihren Herren sagten, wo Barthli den Most holt.»

Eigentlich scheint die Redensart leicht zu erklären. Ich halte *Baartli Moscht* für eine Verballhornung des Namens Bartholomäus. In einer deutschen Übersetzung des Schauspiels «Der Barbier von Sevilla» von Pierre Augustin Caron de Beaumarchais aus dem Jahr 1826 sagt der Graf über Bartholo: «Bartholo, Barbalo, Balordo oder Barthelmost – was kümmert's mich.» Eine Figur in Carl Martin Plümickes Schauspiel «Der Freiheitsspiegel» von 1808 heisst Barthel Most, 1810 ist der Familienname Bartelmust belegt, und noch heute existieren die Familiennamen Bart(h)elmess, Bart(h)elmoss und Bart(h)elmuss.

Der Heilige Bartholomäus ist, weil ihm als Märtyrer die Haut abgezogen wurde, nicht nur der Patron aller Gewerbe, die Häute verarbeiten, wie Fleischhauer, Gerber, Fellhändler, Schuhmacher usw. Er ist wegen dem Messer, das er als Attribut trägt, auch der Patron der Winzer. Deshalb weiss er am besten, wo man den Traubenmost holt. *Baartli, Barthel* sind zudem seit dem Spätmittelalter Koseformen des Vornamens Bartholomäus und Bezeichnungen für den Bartholomäustag, den 24. August.

Seit der ersten Hälfte des 19. Jahrhunderts erzählt man sich jedoch unzählige Geschichten zur Herkunft dieser Redensart: Sie gehe zurück auf eine Anekdote über den berühmten Rechtsgelehrten Bartolus, der im 14. Jahrhundert gelebt habe. Barthel, im 13. Jahrhundert Schultheiss von Heilbronn, habe gewusst, wie man billig zu gutem Wein aus dem Rathauskeller komme. Altkatholiken waren der Meinung, der Bräutigam an der Hochzeit zu Kana habe Barthel geheissen, und dort musste ja Wein her. Andere wiederum behaupten, in Unterfranken habe man den Bartmannkrügen Barthel gesagt. Und Sigmund Wolf schreibt schliesslich in seinem Wörterbuch des Rotwelschen, in *wissen, wo Barthel Most holt* stehe *Barthel* eigentlich für rotwelsches *Barsel* «Eisen» und *Most* für *Moos* «Geld». Die Redensart meine also «wie man mit dem (Brech)eisen zu Geld kommt». Keine dieser Geschichten kann belegt werden, und so lässt man es am besten bei den Worten bewenden, mit welchen schon die Allgemeine deutsche Real-Encyklopädie für die gebildeten Stände von 1822 das Problem umriss:

«Vielleicht hat diese sprichwörtliche Redensart, wie so manche andere, einem jetzt nicht mehr bekannten Umstande ihre Entstehung zu verdanken. Bei den Versuchen, ihren Ursprung zu erklären, muss man sich daher mit Vermutungen genügen lassen.»

E Bäär ufbinde

E Bäär ufbinde meint «etwas Unwahres so überzeugend erzählen, dass es der andere glaubt» oder ganz allgemein «täuschen», z. B. *mit däm Pättelbrief hei si d Sandra rächt pschisse, aber di laat sech o jede Bäär la ufbinde.*

Oft liest man, auch in Nachschlagewerken, dass in der Redensart *e Bäär ufbinde* mit *Bäär* das Raubtier gemeint sei und dass sie aus der Jägersprache stamme. Viele, meist satirische Illustrationen dieser Redensart zeigen denn auch den einem Menschen auf den Rücken gebundenen Bären. Ich bin der Meinung, dass diese Erklärung in keiner Weise zutrifft. Wie liesse sich ein derart schweres und gefährliches Tier auf einen Menschen binden und weshalb sollte das jemand tun wollen?

Will man die Redensart *e Bäär ufbinde* erklären, darf man nicht vom *Bäär* ausgehen, sondern muss das Verb unter die Lupe nehmen. In den Dialekten der deutschsprachigen Schweiz sind neben *e Bäär ufbinde* auch die Formen *e Bäär aabinde, e Bäär aahänke* und *e Bäär aagää* belegt. Wer sich etwas *aabinde, aahänke, aagää* und *ufbinde* lässt, muss etwas auf sich nehmen, das ihm eigentlich widerstrebt. Es kann ein Verlustgeschäft sein, das eine Person einer anderen *aabingt,* eine Last, die sie ihm *ufbingt,* ein Kind, das ein nicht begehrter Mann einer Frau *aahänkt,* oder eine Lüge, die ich jemandem *aagibe*. Die Verben bezeichnen also den Vorgang des Übervorteilens, Belastens, Betrügens oder Schädigens und nicht das Wort *Bäär*.

Muss man innerhalb dieses Rahmens das Wort *Bäär* erklären, lässt sich auf vernünftige Weise kein Bezug zum Tier herstellen. *Bäär* meint in der Tat nicht das Tier, sondern im ursprünglichen Sinn eine Schuld oder eine Steuerlast. Im 17. Jahrhundert ist der Ausdruck *e Bäär aabinde* nämlich erstmals belegt mit der Bedeutung «Schulden haben». In seinem Synonymischen Wörterbuch von 1795 schreibt Johann Friedrich Heynatz:

«Einen Bären anbinden, weis machen [...]. Sonst heisst einen Bären anbinden auch Schulden machen, und hernach dem Schuldner aus den Augen gehen, um ihn nicht bezahlen zu dürfen, oder um sich nicht von ihm mahnen zu lassen. Wenn er einen Bären bei mir angebunden hat, bleibt er weg.»

In seinem Neuen Teutschen und Französischen Wörterbuch von 1786 übersetzt Johann Gottfried Haas «einen Bären anbinden» mit «contracter, faire des dettes», also «Schulden machen». Auch Johann Carl Dähnert erläutert in seinem Platt-deutschen Wörter-Buch von 1781 «he hett dar enen Bären anbunden» mit «er hat da Schulden gemacht». Ulrich Bräker (1735–1798), der arme Mann aus dem Toggenburg, schreibt *die Bären abbezahlen* und meint «die Schulden zahlen». Im Deutschen Rechtswörterbuch ist *ber* mit der Bedeutung «Steuer, Landsteuer» aufgeführt mit siebzehn Belegen vom 13. bis ins 17. Jahrhundert. Davon leitet sich der *Bernreiter,* der berittene Steuereintreiber ab, der zu den Familiennamen *Bernreiter* und *Bärenreuter* führte. Auf *ber, bär* im Sinn von «Schuld, Steuer» ist wohl auch das alte berndeutsche Wort *Bäri* mit der Bedeutung «bleibender Nachteil, Schaden» zurückzuführen, z. B. im Ausdruck *e Bäri dervotraage.*

Dieses *Bär* oder *Ber* ist abgeleitet vom alten Verb *beren* «(mit Anstrengung) tragen, sich tragend an etwas abmühen». Eine Schuld oder Steuer wird einem aufgebürdet, man muss sie tragen. *Beren* ist verwandt mit englischem *to bear* und schwedischem *bära,* die beide «tragen» meinen. Im Deutschen ist das Verb im Mittelalter verschwunden. Sein Wortstamm ist aber noch erhalten in Wörtern wie *Bah-*

re, Tragbahre, Bäre (Mischt-, Wöschbäre), gebären und in der Endsilbe *-bar; essbar* meint also «die Eigenschaft, dass man es essen kann, in sich tragend».

Weil die Wörter *Bär, Ber* «Schuld, Steuer» und *beren* «tragen» aus dem Wortschatz verschwanden, verstand man den ursprünglichen Sinn der Redensart *e Bäär ufbinde* «eine (Steuer)last aufbinden» nicht mehr. Deshalb glaubte man mit der Zeit, mit dem *Bäär* in der Redensart sei das Tier gemeint. Im Wörterbuch der schweizerdeutschen Sprache verknüpft ein Beleg beide Bedeutungen des Wortes, also «Schuld» und «Tier», auf originelle Weise: Von einem Schuldner wird gesagt *er hät Bäre, si brummed* und meint damit «er hat Schulden, die Gläubiger drängen».

Die Redensart *einen Bären an-* oder *aufbinden* im Sinn von «etwas Unwahres so überzeugend erzählen, dass es der andere glaubt» oder «täuschen» ist ab dem 17. Jahrhundert belegt. In der Predigtsammlung «Conciones rurales» des Geistlichen Christoph Ulrich Neuburger heisst es von den «Welt-Nasswitzigen», sie hätten «waiss nit was für ein gehäimbe Politey erwischt / wann es einem rödlichen auffrechten künden einen Beren anbinden / die einfältige rödliche Augen mit einem tollen Dunst blenden – weiss nicht was für eine geheime Ordnung begriffen, wenn sie einem redlichen Aufrechten einen Bären anbinden können, die einfältigen, redlichen Augen mit einem tollen Dunst blenden». Johann Valentin Neiner braucht den Ausdruck «einen grossen Bern angebunden» im Sinn von «hinters Licht geführt» in seinem Tändl-Marckt von 1734, und im Lustspiel «Die Hausfreunde» des bayerischen Justiz- und Kultusministers Theodor Heinrich von Morawitzky aus dem Jahr 1774 sagt eine Figur:

«Ha ha! Da kömmt der Schwindel geschlichen. […] Ich muss nur dem alten Schulfuchs einen Bärn anbinden.»

Im Münchnerischen Wochen-Blat in Versen vom 9. Juni

1759 dichtet der Herausgeber Mathias Etenhueber, der arme Poet auf Carl Spitzwegs berühmtem Bild, über einen Konflikt zwischen Frankreich und England mit einem hübschen Wortspiel Bern/Bär bzw. Beren:

«Es scheinet auch die Schweitz ihr Fridens Ruhe zu hassen,
Und in das Krieges Spiel sich gleichfahls einzulassen,
Mit wem, ist unbekannt, der Canton Bern allein
Soll achtzig tausend starck zu Fuss, und Pferde seyn,
Doch die Bestätigung hat sich nicht eingefunden,
Vielleicht dass man uns nur den Beren angebunden.»

Heute ist die Redensart *einen Bären aufbinden* bzw. *anbinden* in der Schriftsprache und in den Mundarten geläufig. Die Jungfrau Zeitung schreibt am 28. Januar 2011 unter dem Titel «Keinen grünen Bären aufbinden lassen» über die Diskussion um ein neues AKW. Mundartformen der Redensart findet man z. B. im Zürichdeutschen Wörterbuch *äim en Bäär uufbinde,* im Baselbieter Wörterbuch *öpperem e Bäär uufbinde,* im Bödellitüütsch Wörterbuch *är hed mer e Bäär aaggää* und im Simmentaler Wortschatz *si hiin im e Bäär aagheecht.*

E Bäredienscht leischte

E Bäredienscht leischte oder *tue* meint «für jemanden in guter Absicht etwas tun, das zu dessen Nutzen gedacht war, ihm aber schadet». Wenn ich einer Radfahrerin einen Platten reparieren will, dabei jedoch den Schlauch zerreisse, habe ich ihr *e Bäredienscht taa*.

Der Bär, der Meister Petz der Tierfabel, ist zwar stark, aber eher schwerfällig und schwer von Begriff. Es fällt leicht, ihn übers Ohr zu hauen. Im Märchen bringt er sich oft selbst in eine missliche Lage, z. B. wenn er sich vom listigen Fuchs Reineke dazu überreden lässt, aus einem gespaltenen Baum Honig zu holen, und sich dabei die Tatzen einklemmt. Oder wenn er durch ein enges Fenster in einen Keller klettert, in dem die Milch zum Aufrahmen steht, sich sattfrisst und beim Hinausklettern mit seinem vollgefressenen Wanst stecken bleibt. Entweder muss er dann den Bestohlenen Frondienst leisten oder er wird stracks erschossen. Bereits Konrad von Megenberg schreibt in seinem Buch der Natur im 14. Jahrhundert: «Seine Kraft ist vor allem in den Armen und in den Lenden, aber er hat einen schwächlichen Kopf.»

Bis ins 19. Jahrhundert lebte der Bär noch als Wildtier in unseren Wäldern. Auf Kirchweihen liess man ihn tanzen und seine Kunststücke aufführen. Auch da wirkte seine Tapsigkeit lustig und erfreute die Zuschauer. Wer schwerfällig tanzt, *tanzet win e Bäär*. *E Kärli win e Bäär* ist zwar stark, aber langsam und schwer von Begriff. Wer *eim dr Bäär macht*, muss für jemanden einfache Arbeiten erledigen.

Der gutmütige, aber wegen seiner dumpfen Schwerfälligkeit auch unberechenbare Bär ist gemeint, wenn vom Bärendienst die Rede ist. Die Redensart hat einen literarischen Ursprung. Der berühmte französische Fabeldichter Jean de La Fontaine (1621–1695) schrieb die Fabel «Der Bär und der Gartenfreund», die ziemlich sicher auf eine Volkserzählung zurückgeht. In dieser Fabel hat der Gartenfreund eine Seele von einem Bären, der ihm manchen guten Dienst erweist. Eines schönen Tages legt sich der Gartenfreund unter einen Baum in den Schatten, um zu schlafen. Als er schläft, sieht der Bär, wie sich eine Fliege auf die Nase seines Herrn setzt und dort herumzugehen beginnt. Der Bär will den Störenfried verscheuchen:

«Aussitôt fait que dit; le fidèle émoucheur
Vous empoigne un pavé, le lance avec roideur,
Casse la tête à l'homme en écrasant la mouche.»

Er nimmt also einen Pflasterstein, zieht auf und wirft ihn mit aller Kraft auf die Nase des Schläfers. Die Fliege ist zwar tot, aber der Gartenfreund auch, denn der Stein hat ihm den Schädel eingeschlagen.

Daher kommt die Redensart vom Bärendienst, der nützen soll, aber Schaden anrichtet. In der Zeitung «Die Zeit» vom 28. August 1952 heisst es in einem Artikel über den Streit zwischen den Deutschen und Franzosen um die Saar:

«Dabei übersehen diese ‹neutralen› Teilnehmer am deutsch-französischen Streit um die Saar völlig, dass sie einer echten Verständigung nur einen Bärendienst leisten.»

Die Französisch Sprechenden sagen auch *rendre un service d'ours* «einen Bärendienst erweisen» oder *jeter le pavé de l'ours* «den Pflasterstein des Bären werfen». Die Englisch Sprechenden sagen *to render a bear's service*. Weil es kaum ältere deutschsprachige Beispiele gibt, ist *einen Bärendienst erweisen* vielleicht eine junge Lehnübersetzung aus dem Französischen oder aus dem Englischen.

Die Redensart ist heute sehr beliebt. Am 7. März 2010 behauptete die Neue Zürcher Zeitung, die Ablehnung der

Initiative für einen Tierschutzanwalt «dürfte dem Anliegen nach einem Tieranwalt grundsätzlich einen Bärendienst erweisen». Auf dem FCZ-Forum klagt ein Fussballbegeisterter, die randalierenden Fans hätten «*am FCZ en Bäredienscht erwiese*», auf dem YB-Forum schreibt ein User «*da dermit tuet er sech ä riese bäredienscht*». Auch in einigen Mundartwörterbüchern findet man die Redensart, so z. B. im Vorarlberger Mundartwörterbuch *oam an Bäradianscht toa*.

Blaas mer i d Schue

Blaas mer i d Schue meint «geh weg, lass mich in Ruhe», z. B. *blaas mer i d Schue mit dim eewige Gjammer* oder *we d meinsch, müessisch geng nume di Gring düresetze, de blaas mer i d Schue.*

Mit der Redewendung *blaas mer i d Schue*, hochdeutsch ein Helvetismus, d. h. ein nur im Schweizer Hochdeutschen üblicher Audruck *blase mir in die Schuhe,* weisen wir jemanden mit seinen Anliegen in moderater Form zurück oder lehnen sein Ansinnen ab. *Blaas mer i d Schue* ist wie *blaas mer, blaas mer i Äcke, blaas mer, won i schöön* oder *hübsch bi, blaas mer i d Chuchi, blaas mer dr Hobel uus* eine verhüllende, abgeschwächte Form der derben Zurückweisung *blaas mer i ds Füdle, blaas mer is Hinder* oder *blaas mer in Arsch*. Dieser Meinung ist auch das Wörterbuch der schweizerdeutschen Sprache.

Die derbe Redensart *blas mir in ars(s)* ist seit dem späten Mittelalter reich belegt. Sie gehört zu jener «groszen anzahl von derbkräftigen, oft sinnreichen und poetisch gewandten redensarten des volks, welche die feine welt scheu abweist», wie das Deutsche Wörterbuch im ersten Band von 1854 im Artikel «Arsch» anmerkt. Die Belege stammen denn auch nicht aus der Literatur, sondern vor allem aus Gerichtsakten, Schwanksammlungen, Anekdoten und Liedern, in denen sich der sogenannte Volksmund unverblümt äussern darf.

Einer der ältesten Belege stammt aus einem Gerichtsprotokoll aus dem Jahr 1471. Ritter Hanns von Kindsperg zur Schnabelweid, d. h. vom heutigen Marktflecken Schnabelwaid südlich von Bayreuth, klagt gegen seinen Vetter Rüdiger, dieser habe im Beisein der Frau von Hanns am Ende eines Wortstreits gesagt: «Gee her / und plass mir im Ars.» Auf den Vorwurf von Hanns, solche Worte ziemten sich vor der Hausfrau nicht, habe Rüdiger noch derber geantwortet mit: «Plass der Tewfel in dein Ars.» Obwohl das Gericht den Streithähnen vorschlägt, sich gütlich zu einigen, zeigt der Beleg, dass *blas mir in ars,* am falschen Ort gesagt, als ehrenrührig aufgefasst werden konnte. Hanns klagt denn auch, Rüdiger habe «im sein Ern mit seinen Wortten entsetzt – ihn mit seinen Worten seiner Ehre beraubt».

Oft stammen die Belege jedoch aus Schwanksammlungen, in denen die derbe Redensart einen Spass oder einen Streich begleitet. Das bekannteste und in der frühen Neuzeit viel kopierte Beispiel stammt aus der Schwanksammlung, welche Heinrich Bebel, Professor für Poesie und Eloquenz an der Universität Tübingen, von 1508–1512 anlegte. In dieser Sammlung erzählt er von den Streichen eines bekannten Bettlers und Spassmachers. Von einer Bauersfrau gebeten, ihre kranke Kuh zu heilen, nahm dieser ein Blättchen Papier und kritzelte einiges darauf. Das solle sie der Kuh an den Hals hängen, sagte er und zog mit sieben Pfennigen Lohn ab. Die Frau, die nicht lesen konnte, traute der Sache nicht und gab, weil die Kuh weiter kränkelte, das Blatt dem Pfarrer zu lesen. Darauf stand geschrieben:

«Ist du so gneüsst du / ist du nit so gneüsst du nit. Siben pfenning ist mein gewin / Blass mir in arss ich far dahin. – Isst du, so wirst du gesund, isst du nicht, so wirst du nicht gesund. Sieben Pfennige ist mein Gewinn. Blas mir in den Arsch, ich mache mich davon.»

In seinem Altdeutschen Liederbuch von 1877 mit Volksliedern aus dem 12.–17. Jahrhundert erwähnt Franz Magnus Böhme ein böhmisches Lied «Es war ain mal ein Schuster», das mit den Zeilen endet:

«Lieber mann nun plass mir in arss,
das rindlin hab ich selber gass (gegessen).»

Auch für die Schweizer Variante der Redensart, in der das Wort *Ars* durch das in unseren Mundarten gängige *Füdle,* älter *Füdloch* – zusammengesetzt aus *Fud* «weibliche Scham, Unterleib» und *Loch* – ersetzt ist, gibt es einen frühen Beleg. In seine Geschichte des Appenzellischen Volkes hat Johann Caspar Zellweger auch Anekdoten aus dem 16. Jahrhundert aufgenommen. Eine davon lautet:

«Ist kurzlich ein prediger angesprochen worden, um das allmusen um Gottes und unser lieben frauen willen, darauf der prediger geantwortet, blaas mir in das füdloch um unser Jgfr. Willen und haben doch die vier stett vor zweyen jahren hie vor einem zweyfachen Rath sich erklärt, sie glauben die Muter Gottes seye in ewiger freüd und selligkeit.»

Der Prediger ist der Meinung, Maria sei in ewiger Freude und Seligkeit, was amtlich bestätigt sei, und deshalb bedürfe sie keiner Almosen mehr. Basta!

Auch Mozart bedient sich in seinen berühmt-berüchtigten Bäsle-Briefen, die er seiner Cousine Maria Anna Thekla Mozart schrieb, der Redensart auf eine Weise, die bei uns noch geläufig ist, wenn wir erstaunt oder anerkennend ausrufen *läck miir!* Nachdem Mozart den Brief vom 10. Mai 1779 unterschrieben hat mit «dero gehorsamster untertänigster Diener mein Arsch ist kein Wiener», schreibt er im PS: «Lebt's Thüremichele noch? – blas mir ins Loch.»

Weshalb einen der Abgewiesene in den Hintern blasen soll, lässt sich nur vermuten. Das Blasen ist eine Heilgeste, die wir noch heute vollziehen, wenn wir einem Kind auf eine schmerzende Stelle blasen; wir sagen von einem verschwundenen Schmerz, er sei wie *weggeblasen.* Zudem ist das Zeigen des Hintern ein alter Abwehrzauber gegen Geister, den Teufel, ausschwärmende Bienen und vor allem gegen Stürme, Hagel und Regen. Der geistliche Dichter von Erbauungsschriften und Liedern Johann Samuel Magnus erzählt in seiner Historischen Beschreibung der

Hoch-Reichs-Gräfflichen Promnitzschen Residentz-Stadt Sorau, die 1710 aus seinem Nachlass veröffentlicht wurde, über die Ursache einer grossen Dürre:

«An dieser grossen Dürre solten damahls die Soranischen Bleich-Weiber schuld gewesen seyn mit ihrer Zauberey; wie denn ein ehrlicher Bürger und Fleischhauer dieses im Spatziergange bey einem Zaune wahrgenommen / nehmlich: eine alte Vettel lieff mit dem blossen Hintern rückwerts gegen eine aufsteigende und Regen bringende Wolcke und sprach: Regne mir in den Arss und nicht auf meine Leinwand! Darauff denn auch die Wolcke vergangen.»

Die Aufforderung *regne mir in den Ars* hat dieselbe Form wie *blas mir in den Ars*; die derbe Redensart könnte im Sinn einer Abwehrgeste bedeuten «bleib mir vom Leib mit deinem Ansinnen». Im Brienzerdeutschen Wörterbuch ist zudem die Redensart *ds Fidla ambieten* erwähnt für «ein Ansinnen, ein Angebot abschlagen».

Blas mir in den Arsch ist aus dem Hochdeutschen verschwunden. Man kennt nur noch *jemandem Zucker* bzw. *Staubzucker in den Arsch blasen* für «jemanden übermässig verwöhnen». Heute weisen wir jemanden mit der Redensart *leck mich am Arsch* derb ab, die wir als *läck mer em Arsch* in die Mundart übernommen haben. Auch diese Redensart ist seit dem späten Mittelalter belegt; Luther schreibt schon «das uns der Bapst und Legat im Ars lecken wollen» und Ruep Stullebner braucht in seinem Buch «Kontrovers-Predigen» von 1733 die Form «leck mich im Ars».

Blaas mer i ds Füdle ist jedoch in unseren Mundarten geläufig geblieben mit vielen moderateren Hüllformen, von denen *blaas mer i d Schue* die Geläufigste ist. Wir finden sie in den Mundarten auch jenseits der Landesgrenze, z. B. *bloos mer in d Schue* bei den süddeutschen Alemannen, *chasch mer in d Schue bloose* im Elsass und *blos mir in d Schuah* im Vorarlbergischen.

Blaas mer i d Schue ist vielleicht zur beliebtesten Hüllform für *blaas mer i ds Füdle* geworden, weil der Ausdruck *i d Schue, in die Schuhe* in einigen anderen Redensarten vorkommt. So z. B. *jemandem etwas in die Schuhe schieben,* älter *in die Schuhe giessen* «jemandem die Schuld an etwas zuweisen», mundartlich *das muesch nid miir i d Schue schütte* «du musst nicht mich dafür verantwortlich machen»; *öpperem i d Schue brünzle* bzw. *i d Schue seiche* «jemandem einen Streich spielen»; *in die Schuhe scheissen, i d Schue pfiiffe* «den Buckel runterrutschen»; *er schüttet dr Wii nid i d Schue* «auf ihn ist Verlass». *Blaas mer i d Schue* ist belegt seit der ersten Hälfte des 19. Jahrhunderts, z. B. bei Gotthelf *«dä cha üs i d'Schueh blase»* und beim Baselbieter Jonas Breitenstein in einer Erzählung von 1860: «Wenn er seine Sache geschafft habe, da könne der Meister ihm in die Schuhe blasen, wenn er wolle.»

Das geit über ds Boonelied

Das geit über ds Boonelied meint «das ist zu viel, es geht über das Mass des Anständigen und Erlaubten hinaus», z. B. *was dää hüt wider für Seich het verzellt, das geit über ds Boonelied.*
Oft wird die Redensart auf eine satirische Schrift gegen den Ablass aus dem Jahr 1522 des Berner Dichters, Malers, Grafikers, Reformators und Staatsmanns Niklaus Manuel (um 1484–1530) zurückgeführt. Diese Deutung geht auf Gottlieb Emanuel von Hallers Bibliothek der Schweizer-Geschichte von 1786 zurück. Von Haller, «souverainer Rath des Freystaats Bern und Landvogt zu Nyon», schreibt:
«‹Niclaus Manuel das Bonenlied wider den päbstlichen Ablass 1522.› Muss heftig seyn; denn noch jezt ist das Sprüchwort zu Bern, wenn man etwas übertriebenes abbilden will: es ist über das Bonenlied aus.»
Das Wörterbuch der schweizerdeutschen Sprache macht in seinem dritten Band von 1895 jedoch klar, dass das nicht sein kann. Bereits in einem Luzerner Neujahrsspiel aus der Zeit um 1500 heisst es: «Diser sach bin ich fast müed, es ist mir über's bonenlied.» Und in seiner Berner Chronik schreibt der Chronist Valerius Anshelm über das Jahr 1522: «Uf der Eschermittwuchen ward der römisch Ablass mit dem Bonenlied durch alle Gassen getragen und verspottet.» Im Jahr 1522 war Niklaus Manuel jedoch in der Lombardei und nicht in Bern. Frühe Beispiele zeigen also, dass vom Bohnenlied als etwas allgemein Bekanntem gesprochen wird, bevor Niklaus Manuel seine Satire geschrieben haben konnte. Das Wörterbuch fasst zusammen:
«Den Wortlaut des damals in Bern gesungenen Bohnenliedes kennen wir nicht, und es ist unwahrscheinlich, dass

er dem einiger im 16. Jahrhundert in Deutschland verbreiteter Lieder gleich war oder glich, welche den Refrain ‹gang mir aus den Bohnen› (im Sinne von ‹lass mich ungestört›) enthalten.»

Die frühesten Belege der Redensart um 1500 und im 16. Jahrhundert weisen auch nicht auf den Bohnenspruch von Walther von der Vogelweide (um 1200) mit dem Verspaar: «Was êren hat frô Bône / daz man sô von ir singen sol – welches Lob verdient die edle Frau Bohne, dass man sie so besingen soll.» Nichts deutet darauf hin, dass dieser Spruch etwas mit dem dreihundert Jahre später so bekannten Bohnenlied zu tun hat. Dieses Lied soll ja sozusagen die Grenze des Spotts berührt haben.

Dass die Redensart auf ein verlorengegangenes Lied zurückgeht, macht auch Meyers Konversations-Lexikon von 1888 deutlich:

«Bohnenlied, ein seiner Zeit viel gesungenes, aber verloren gegangenes Volkslied, das viele Nachahmungen veranlasste. Nach den Proben, welche Docen in seinen ‹Miscellaneen› davon mitteilt, zeichneten sich diese Lieder durch Auffälligkeit und Keckheit des Gedankens wie der Reime aus, daher die Redensart: ‹Das geht über das Bohnenlied›, welche bereits in der zweiten Hälfte des 15. Jahrhunderts vorkommt.»

Tatsache ist, dass sich die Redensart *das geht über das Bohnenlied* in der Folge im ganzen deutschen Sprachraum verbreitete. Herzog Christoph von Württemberg (1515–1568) bemerkt z. B. missbilligend:

«Dass nun solches Bächlein über die Pfaffenwies sollte geführt werden, ist über meinen Verstand und gewiss über das Bohnenlied.»

Am häufigsten kommt die Redensart in der Schweiz vor. Ein Lied im Buch «Rosen und Dornen» (1864) von Johann Christian Ott, geschrieben «bei Anlass der Vollziehung der

Marktordnung in Bern als der Kleinhandel in übertriebenem Maasse mit Steuern belastet wurde», trägt den Titel «Ueber's Bohnelied». Gebraucht hat sie auch Jeremias Gotthelf, z. B. im Roman «Uli der Pächter», wenn er über das Geschwätz der Leute schreibt, nachdem sie vernommen haben, dass Uli mit Hilfe von Hagelhans Pächter geworden ist:

«So viel Gutes sie dort genossen und die Alte ihnen mehr getan als den eigenen Kindern, und jetzt es ihnen so machen, wo sie in der Not seien, das sei über das Bohnenlied. Da könne man wieder sehen, wie schlecht die Welt werde und dass gar keine Religion mehr sei; ehedem hätte sich der schlechteste Hund geschämt, so was zu machen.»

Belegt ist *des goht iwers Bohneliäd* aber auch im süddeutschen Alemannischen, *das geht üwers Bohnelied* im Elsässischen, *des goht übers Bohnaliad* im Vorarlbergischen, *des geht iwwers Bohnenlied* im Pfälzischen und *dat geht iwert Bohnenlied* im Rheinland.

Dieselbe Bedeutung wie *das geit über ds Boonelied* hat *das geit über d Huetschnuer*. Was *über d Huetschnuer* geht, reicht wie *über beide Ohren* oben über den Menschen hinaus und steht deshalb für «zu viel» bzw. für «sehr, ausserordentlich»: *Wi die sech geschter wider het ufgfüert, das geit über d Huetschnuer* bzw. *er ist verliebt bis über beide Ohren*.

Mit däm isch nid guet Chiirschi z ässe

Mit däm isch nid guet Chiirschi (z) ässe meint «mit ihm ist nicht gut auszukommen, er ist ein schwieriger Mensch», z. B. *i säge dr, mit üsere nöie Scheffi isch de nid guet Chiirschi z ässe.*

Die Redensart *mit däm isch nid guet Chiirschi z ässe* ist in dieser Form wohl eine Übernahme aus modernem hochdeutschem *mit ihm ist nicht gut Kirschen essen.* In der älteren Mundart ist die Variante *mit hööche Here isch nid guet Chiirschi z ässe* belegt. Sie weist auf eine ältere Form der Redensart: *Mit grossen (oder hohen) Herren ist nicht gut Kirschen essen, sie spucken einem die Steine ins Gesicht.* Der älteste Beleg, in dem nicht von Kirschensteinen, sondern von Kirschenstielen die Rede ist, stammt aus der Mitte des 14. Jahrhunderts. Der Berner Dominikaner Ulrich Boner schrieb in seiner Fabelsammlung «Der Edelstein»:

«So sich gelichen will der knecht
Dem herren, dur sin tumben muot,
Der schadgot sich; und ist nicht guot
Mit herren kriesin essen.
Si hant sich des vermessen,
Der sich da nicht huoten will,
Sie werfen im der kriesin stil
In diu ougen; das geloub mir.»

(Will sich der Knecht leichtfertig dem Herren gleichstellen, schadet er sich selbst. Es ist nicht gut mit Herren Kirschen essen. Sie werfen dem, der nicht aufpasst, mutwillig die Kirschenstiele in die Augen, glaube mir.)

Dass die hohen Herren einem Stiele und Steine ins Gesicht werfen, das sagt auch der Erzähler in der Ballade «Der Raubgraf» von Gottfried August Bürger (1747–1794):

«Für meinen Part, mit grossen Herrn,
Und Meister Urian,
Äss' ich wohl keine Kirschen gern.
Man läuft verdammt oft an.
Sie werfen einem, wie man spricht,
Gern Stiel und Stein ins Angesicht.»

Ulrich Boner warnt deutlich davor, sich bei Höhergestellten anzubiedern, da sie einen den gesellschaftlichen Abstand bei jeder Gelegenheit fühlen lassen werden. Auch Bürger legt uns in seiner Ballade ans Herz, sich mit keinem Mächtigeren einzulassen, da man dabei in der Regel den Kürzeren zieht. Die Redensart in ihrer vollen Länge war also ursprünglich eine Warnung vor zu viel sozialem Ehrgeiz, vor zu viel Anbiederung nach oben, eine Warnung im Sinne von *Schuster bleib bei deinen Leisten*. So wird die Redensart auch in der um 1800 entstandenen Oekonomischen Encyklopädie von Johann Georg Krünitz erklärt:

«Mit grossen Herren ist nicht gut Kirschen essen, denn sie pflegen einem Stängel und Steine in das Gesicht zu werfen, oder sie schiessen mit Steinen, und werfen einem die Stängel an den Kopf. Vertraulicher Umgang mit den Grossen der Erde hat seine bekannte Gefahren. Sie glauben immer, sich etwas vergeben zu haben, und rächen sich bey jeder Gelegenheit dafür. Dränge dich nicht zu ihrer Gesellschaft!»

Der Schriftsteller Jeremias Gotthelf verwendet in seinem Roman «Uli der Knecht» die Redensart in der Mitte des 19. Jahrhunderts in einem etwas anderen Sinn, wenn er schreibt:

«Er wusste nicht, dass auch hier das Sprichwort gilt, es sei bös mit grossen Herren Kirschen essen, weil sie den Mitessern gerne Steine und Stiele ins Gesicht würfen, das Fleisch aber behielten.»

Gotthelf versteht das Steine- und Stielewerfen nicht mehr

als Demütigung, sondern als Zeichen dafür, dass die Herren den guten Teil für sich behalten, die Rangniedrigeren jedoch mit dem Schlechteren, das jene nicht wollen, vorliebnehmen müssen. *Mit hohen Herren ist nicht gut Kirschen essen* ist hier als Warnung vor materieller Übervorteilung gemeint.

Im Lauf des 19. Jahrhunderts verliert die Redensart zunehmend ihre sozialkritische Spitze. Die «Herren» der ursprünglichen Form fallen ebenso weg wie der ganze zweite Teil der Redensart, der schon in den Tischreden des Reformators Martin Luther (1483–1546) fehlt «mit grossen Herrn ist nicht gut Kirschen essen». Es bleibt *mit ihm ist nicht gut Kirschen essen* mit dem nicht mehr gesellschaftlich verorteten, allgemeinen Sinn «mit ihm ist nicht gut auszukommen». Die Redensart hat nicht mehr die Funktion einer Lebensregel.

Heute ist sie in der Schriftsprache und in den Mundarten geläufig. Die Sonntags-Zeitung schreibt am 9. September 2012 in einem Artikel über Rocker: «Rocker treten betont stolz und selbstbewusst auf, sie erwecken den Eindruck, dass mit ihnen nicht gut Kirschen essen ist.» In der Mundart findet man Belege, zuweilen noch in der älteren Form, z. B. im Zürichdeutschen Wörterbuch *mit groosse Hère isch nüd guet Chriesi ässe,* im Bödelitüütsch Wörterbuch *mid dämm isch nid guet Chirschi z ässe,* im Rheinwalder Mundartwörterbuch *mit dem ischt nit guet Chriesi ässe* und im Pfälzischen Wörterbuch *mit dem is nit gut Kesche esse.*

Kes Chilcheliecht sii

Kes Chilcheliecht sii oder *nid grad es Chilcheliecht sii* meint «nicht der Hellste sein, dumm sein», z. B. *dr Max isch zwaar e Liebe, aber nid grad es Chilcheliecht.*

Obwohl wir der Meinung sein könnten, die Redensart brauche keine Erklärung, weil uns ihr Sinn buchstäblich beim ersten Hinhören einleuchtet, verbirgt sich hinter ihr eine interessante Geschichte. Als Sachbezeichnung braucht man das Wort *Chilcheliecht,* hochdeutsch *Kirchenlicht,* für ein Licht in der Kirche, vor allem auch für das Ewige Licht. Der Pädagoge und Theologe Johann Amos Comenius schreibt in seinem Orbis sensualium pictus von 1658, einem Buch über Handwerke, im Artikel über den «Wachs-Zieher oder Wachs-Kerzler, Wachs-Krämer»:

«Er giesset auch Wind-Lichter und Pech-Fackeln: ja man findet auch bey ihm noch über dieses weisse und gelbe Kirchen-Lichter, Tafel-Lichter, oder Lichter zu Wand-Leuchten.»

Das Wort *Kirchenlicht* hat jedoch im Schrifttum der frühen Neuzeit eine viel wichtigere übertragene Bedeutung. *Kirchenlicht* bezeichnet, wie das kirchenlateinische *lumen ecclesiae,* seit dem 13. Jahrhundert einen hervorragenden Kirchenlehrer oder einen ausgezeichneten Mann der Kirche, einen Heiligen oder einen Papst, der die Kirche erleuchtet oder in ihr glänzt wie ein Gestirn. Diese Verwendung des Wortes ist reich belegt: «Augustinus das grosse Kirchen-Liecht», schreibt z. B. der katholische Ordenspriester Leopold Gramiller in seiner Geistlichen Wegweiserin von 1724, und Honoratus Heel predigt 1748 über den Fürstabt Anselm von Kempten: «Mit einem Wort / Anselmus ware dann lux ardens: ein grosses brennendes Kirchen-Liecht.»

Das katholische Schrifttum der frühen Neuzeit bezeichnet in der Regel Christus als *Weltlicht* bzw. *lumen mundi* und den erleuchteten Kirchenlehrer, der das Wort Gottes empfängt, auslegt und weitergibt, als *Kirchenlicht* bzw. *lumen ecclesiae*. Diese Vermittlerfunktion der Kirchenmänner lehnen die Reformatoren ab; jeder Christ hat einen direkten Weg zu Gott, behaupten sie. Bereits in seiner Schrift gegen die Wiedertäufer erklärt der Zürcher Reformator Heinrich Bullinger (1504–1575) deshalb das Wort Gottes allein zum Kirchenlicht und enthebt die kirchlichen Würdenträger damit ihrer Vermittlerfunktion. Er schreibt:

«Die heilig göttlich geschrifft nüws und alts Testaments / das warhafft wort Gottes / ist unser kirchen liecht / regel / unnd wägleitung / richter / goldstein / unser grund / uff die wir den glouben / dz bätten / die Sacrament und liebe / ja alles thuon und lassen der kirchen ufbuwend (aufbauen) / uff dass wir aller dinge gwüss und sicher syend.»

Auch der lutherische Prediger Johann Heinrich Weyhenmayer nennt in seiner Geistlichen Fest-Posaune von 1691 Christus in einer Kapitelüberschrift «Das grosse Welt- und Kirchen-Liecht».

Im katholischen Schrifttum hielt sich die Bezeichnung *Kirchenlicht* für einen ausgezeichneten Mann der Kirche bis ins 19. Jahrhundert. Ansonsten wurde sie jedoch ab dem 18. Jahrhundert mehr und mehr in einem ironisch-spöttischen Sinn verwendet, z. B. in der Redensart *die hohen Kirchenlichter brennen oft sehr trüb*. Im Schauspiel «Aballino, der grosse Bandit» des Schriftstellers und Pädagogen Heinrich Zschokke (1771–1848) sagt eine Figur: «Mein Vater wollte mich zu einem Kirchenlicht machen, aber ich fühlte mich zu einer Mordbrennerfackel tauglicher.» In Ludwig Bechsteins Roman «Der Dunkelgraf» von 1854 ist von einem intriganten Pfarrer die Rede mit den Worten «das ist nun der Mann nach dem Herzen Gottes, das Kirchenlicht».

Auch in einem frühen Beleg der Redewendung *kein Kirchenlicht sein* geht es um einen Geistlichen. Im 24. Band der Allgemeinen deutschen Bibliothek von 1775 bemerkt der Rezensent eines Buches mit Ratschlägen zum gottgefälligen Leben, geschrieben von Pfarrer Joseph Gasser, spöttisch, man sehe es Gassers «Verdrehungen an, dass er, selbst unter katholischen Theologen, kein Kirchenlicht» sei.

Aufgrund der Belege zeigt es sich, dass die Bezeichnung *Kirchenlicht*, im religiösen Schrifttum als Auszeichnung verwendet, durch die Reformation entwertet wurde. Sie bekam in der Literatur einen spöttischen Beiklang, verbreitete sich in der Redensart *kein Kirchenlicht sein* im ironischen Sinn in der Alltagssprache und ist da heute noch geläufig, obwohl sie ausserhalb der Redensart so gut wie verschwunden ist. Im 19. Jahrhundert finden wir die Redensart z. B. in Karl von Holteis Noblesse oblige von 1861: «Der Tafeldecker ist kein Kirchenlicht, aber ich halte ihn für einen ehrlichen Mann.» Gottfried Keller brauchte sie wiederholt, auch in Die Leute von Seldwyla von 1856:

«Als Justine bemerkte, dass die fremden Leute und Angestellten des Hauses ihren Mann bereits nicht mehr für ein Kirchenlicht hielten und ihn mitleidig belächelten, weinte sie heimlich vor Aufregung und Bekümmernis.»

Heute wird *kein (grosses) Kirchenlicht sein, kes Chilcheliecht sii* nicht mehr häufig verwendet. Der Spiegel vom 2. März 1955 schreibt in einem Artikel: «Holdt ist zwar kein wissenschaftliches Kirchenlicht, aber in der Praxis wird er sicher seinen Mann stehen.» Man findet die Redensart z. B. im Zürichdeutschen Wörterbuch *er isch käs Chileliecht*, im Baseldeutsch-Wörterbuch von Suter *er isch nit grad e Kiircheliecht* und im Pfälzischen Wörterbuch *er is kän Kercheliecht*.

E Choorb gää

E Choorb gää meint «zurückweisen, eine Abfuhr erteilen», *e Choorb überchoo* meint «abgewiesen werden, eine Abfuhr erhalten», z. B. *dr Ruedi het mi denn wölle hüraate, aber i han im e Choorb ggää* bzw. *won i d Susle ha gfragt für i Chino, han i e Choorb überchoo*.

Die Redensarten *einen Korb geben, einen Korb kriegen* bzw. *bekommen* oder *sich einen Korb holen* sind im ganzen deutschen Sprachraum verbreitet. Sie bezeichnen ursprünglich die negative Reaktion einer Frau auf ein Heiratsangebot eines Mannes. Nur eine Frau konnte einen Korb geben. Heute kann *einen Korb geben* jede Art von Ablehnung bezeichnen.

Die Redensart wurde bereits um 1800 auf verschiedene Bräuche zurückgeführt, in welchen eine Frau einem abgewiesenen Werber einen leeren Korb oder einen Korb ohne Boden zukommen lässt. Doch das Motiv vom abgewiesenen Liebhaber und dem Korb ist viel älter. Es ist als Motiv von Volkserzählungen wohl aus dem Osten nach Europa gewandert und hier im Spätmittelalter literarisch geworden. Eine der bekanntesten Geschichten, die in verschiedenen Fassungen überliefert ist, aber auch bildlich dargestellt wurde in Buchillustrationen und Fresken, auf Teppichen und Ofenkacheln, ist die Sage und der Schwank von «Virgilius im Korb». Der römische Dichter Vergil galt im Mittelalter als weiser Mann, aber auch als Zauberer und Frauenverführer. Die Korbszene lautet in einer Version der Sage so:

«Darauf geschah es, dass Virgilius sich in eine schöne Jungfrau verliebte, der schönsten eine in ganz Rom und von dem reichsten und mächtigsten Geschlecht. Da bereitete Virgilius einen mächtigen Zauber, ihr sein Gemüt zu offenbaren. Und als sie sein Gemüt erfuhr und wusste, dass Virgilius in sie verliebt sei, da gedachte sie, wie sie ihn betrügen sollte. Und zuerst antwortete sie ihm, dass es sehr gefährlich sei, solche Dinge zu beginnen; aber zuletzt versprach sie, seinen Willen zu tun. Und wolle Virgilius bei ihr schlafen, so müsse er ganz stille vor den Turm kommen, darin sie schlief. Und wenn alles Volk schliefe, würde sie einen Korb herablassen an starken Stricken, darein möchte er sich setzen, so würde sie ihn hinaufziehen in ihre Kammer. Darüber war Virgilius sehr erfreut und sagte, das wolle er gerne tun. Nun war ein Tag gesetzt, an dem Virgilius zu dem Turm kommen sollte, der auf dem Markt von Rom stand, und in der ganzen Stadt war kein so hoher Turm mehr. Virgilius kam an den Turm, die Jungfrau liess den Korb herab, Virgilius setzte sich hinein und die Jungfrau zog ihn hinauf bis zum zweiten Stockwerk. Und als er auf zehn Schuh nah an ihrem Fenster war, befestigte sie das Seil und liess den Virgilius da hängen. Da sprach die Jungfrau: ‹Meister, Ihr seid betrogen. Morgen ist Markttag: da soll ein jeglicher Euch sehen und die Büberei, die Ihr treibt, dass Ihr bei mir schlafen wolltet. Ihr Zauberer, Ihr Schelm, Ihr Schalk, hier mögt Ihr bleiben.› Da ging sie hin und schloss ihr Fenster zu; Virgilius aber blieb hangen, bis der Morgen anbrach und alle Leute es sahen und auch der Kaiser sich schämte und der Jungfrau entbot, dass sie ihn herabliesse. Das tat sie denn, und als er unten war, schämte er sich und sagte, er würde sich ehstens rächen.»

Virgilius löscht aus Rache alle Feuer der Stadt. Damit sie wieder brennen, muss die schöne Jungfrau, bloss mit einem Hemd bekleidet, auf dem Marktplatz auf ein Holzgerüst stehen, und die Bürger können das Feuer nur zwischen ihren Beinen wieder entzünden.

Auf das sehr verbreitete Motiv vom geprellten Liebhaber im Korb soll auch die Redensart *öpper la hange, jemanden hängen lassen* zurückzuführen sein. In der Folge bildeten sich verschiedene Varianten dieser Geschichte heraus. In einer von ihnen lässt die Frau einen Korb mit losem Boden herunter. Der Liebhaber steigt ein, auf dem Weg nach oben bricht der Boden und er fällt unten in den Dreck. Auf diese Geschichte soll die Redensart *er isch düregheit, er ist durchgefallen* zurückgehen. Luther kannte bereits die Redensart «durch den Korb fallen».

In der frühen Neuzeit haben sich aufgrund dieses Motivs laut der Überlieferung Bräuche entwickelt, in denen die Frau dem abgewiesenen Werber symbolisch einen Korb zukommen liess als Zeichen ihrer Ablehnung. Oft hatte dieser Korb keinen Boden. In einem Gedicht des Lyrikers Johann Christian Günther (1695–1723) spottet eine Frau über einen abgewiesenen Werber:

«Ich liess den Stockfisch in das Wasser, das ist, ich zwang ihm Thränen ab,

So bald ich ihm recht *à la Mode* den Korb mit keinem Boden gab.»

Vor diesem ganzen Hintergrund von Erzählmotiven, Bräuchen und literarischen Anspielungen müssen sich die Redensarten *e Choorb gää* und *e Choorb überchoo* entwickelt haben. In Christian Reuters Schelmuffsky-Roman von 1696/97 sagt ein Mann: «Sapperment! wie fieng das Mensch an zu heulen und zu schreyen, da ich ihr den Korb gab.» In der Erzählung «Der Schuss von der Kanzel» von 1877 braucht Conrad Ferdinand Meyer die Redensart wiederholt: «Das Mädchen hat Euch den Kopf verrückt und dann, wie recht und billig, einen Korb gegeben?» und «Das Mädchen also gab Euch einen Korb.»

Heute ist die Redensart *e Choorb gää, einen Korb geben* als allgemeiner Ausdruck der Ablehnung sehr geläufig. Das Handelsblatt titelt 2012 «Troika gibt griechischem Sparpaket einen Korb» und eine Sportmeldung im St. Galler Tagblatt vom gleichen Jahr lautet: «Del Piero gibt Sion einen Korb.» Die Mundartform finden wir z. B. im Baselbieter Wörterbuch *si hed em e Choorp gee,* im Schaffhauser Mundartwörterbuch *öpperem en Chòòrb gii,* im Obwaldner Mundart-Wörterbuch *ä Choorb ubercho* bzw. *ä Choorb häi träägä,* in Wallissertitschi Weerter *schi git mu ä Choorb,* im Wörterbuch der elsässischen Mundarten *e Korb gee* und *e Korb bekumme* und im Pfälzischen Wörterbuch *er hat e Korb kriet.*

Es Chrüz a d Tili mache

Es Chrüz a d Tili (a d Decki, a d Büni) mache ist ein Ausdruck freudigen Erstaunens bei einem ungewöhnlichen Ereignis im Sinne von «das ist nicht zu fassen, nicht zu glauben», z. B. *waas, dii gseet men o wider einisch, itz machen i aber es Chrüz a d Tili.*

Die Redensart *es Chrüz a d Tili mache,* Schweizer Hochdeutsch *ein Kreuz an die Decke machen,* ist nur in der deutschsprachigen Schweiz verbreitet. Sie fehlt in den gängigen deutschsprachigen Nachschlagewerken für Redewendungen und Sprichwörter. Im Französischen ist *faire une croix au plafond* bzw. *faire une croix dans la cheminée* «sich ein aussergewöhnliches Ereignis merken» hingegen bekannt: *Jean en costume et superbement bien coiffé, faut faire une croix au plafond* – Hans im Anzug und hervorragend frisiert, da muss man ein Kreuz an die Decke machen.

Im Wörterbuch der schweizerdeutschen Sprache ist neben *es Chrüz a d Tili mache* auch *es Chrüz i ds Chemi mache,* älter *es Chrüz a d Wand mache,* aufgeführt, alle drei mit der Bedeutung «Ausdruck eines freudigen Erstaunens bei einem ungewöhnlichen Ereignis, zum Beispiel bei einem seltenen Besuch». Im Wörterbuch der elsässischen Mundarten ist *do mache si nur gschwind e Kryzz in ier Kämin* als «eine Seltenheit anmerken» belegt. Die Verbreitung der Redensarten im deutschsprachigen Raum nahe der deutsch-französischen Sprachgrenze könnte darauf hinweisen, dass es sich um Entlehnungen aus dem Französischen handelt.

In allen genannten Redensarten dient das Kreuz als Merkzeichen für ein Ereignis, das Seltenheitswert hat und das man nicht vergessen will. Ob man das Kreuz an der

Decke als Rest eines alten Segens- oder Bannbrauchs auffassen soll, ist im Hinblick auf die Redensart umstritten, denn in der Redensart hat das Kreuz nur Merk- und keinerlei Bannfunktion. Dennoch sei auf einen alten Dreikönigsbrauch hingewiesen, und zwar aus der Zeit, als man noch den Bohnenkönig kürte, weil anstelle der heutigen Königsfigur aus Kunststoff eine Bohne in den Dreikönigskuchen eingebacken wurde:

«Da und dort musste das jüngste Kind der Familie vor dem Anschneiden des Kuchens unter den Tisch kriechen, um von dort aus jedesmal einen Namen zu nennen, wenn wieder ein Stück zuzuteilen war. War die Bohne oder das Figürchen gefunden und die Krönung erfolgt, wurde der König mancherorts dreimal mitsamt Thron oder Stuhl so hoch emporgehoben, dass er mit einer Kreide ein Kreuz an die Decke malen konnte – ein Zeichen wider alles Böse und Dämonische.»

Ob dies erklärt, weshalb das Kreuz in der Redensart ausgerechnet an die Decke gemacht wird, bleibt fraglich. Es könnte auch sein, dass an der Decke, als vor allem in hohen Räumen schwer erreichbarem Ort, Zeichen für Ausserordentliches besonders gut, dauerhaft und für alle sichtbar angebracht sind. Ernst Balzli braucht die Redensart im Buch «Nach Jahr und Tag»; von einer Schülerin wird gesagt: *«I hätt albe schier chönnen es Chrüz a d Dili mache, wenn es einisch en Antwort rächt het gha.»* Wir finden sie aber auch z. B. im Zürichdeutschen Wörterbuch *es Chrüüz a d Tili mache* «ein Kreuz an die Zimmerdecke machen zum Zeichen, dass etwas Seltenes geschieht», im Obwaldner Mundart-Wörterbuch *äs Chryyz a d Tili machä* «zum Gedenken festhalten», im Baselbieter Wörterbuch *es Chrüz an d Büüni mache* «sehr überrascht zur Kenntnis nehmen» und im Baseldeutsch-Wörterbuch von Suter *e Gryz an d Biini mache* «sehr überrascht zur Kenntnis nehmen».

Über ds Chübeli büüre

Über ds Chübeli büüre – mit offenem *ü* gesprochen wie *Büürschte* – meint «übers Ohr hauen, übervorteilen», z. B. *für di nüütegi Waar het men em Fritz e rächte Schübel Gält abgläschelet; dä laat sech de scho geng la über ds Chübeli büüre.*

Die Berner Redensart *über ds Chübeli büüre* ist heute am Verschwinden. In meiner Kinderzeit hörte ich sie nur noch selten, meist von älteren Leuten, wenn sie entrüstet feststellten oder spotteten, diesen oder jenen habe man *schöön über ds Chübeli bbüüret*. Später las ich sie bei Gotthelf, der im Roman «Leiden und Freuden eines Schulmeisters» feststellt, «wie leicht ist es, Menschen, die bis dahin nicht beachtet waren, durch Schmeicheleien über das Kübli zu büren».

Wir verstehen den Ausdruck nicht mehr, weil das Wort *büüre, büere* fast ganz ausser Gebrauch gekommen ist. Es meint «etwas emporheben», in der Sprache der Bodenseefischer vor allem «die Netze ins Boot heben». *«Und jede wo Schnüer und Netze büert, e Scheffli voll Förmli (Forälle) mit use füert»*, schreibt der Ermatinger Otto Nägeli im Jahr 1898. Aber das Wort ist bereits in einer Thurgauer Fischerordnung aus dem Jahr 1544 belegt. Dort heisst es:

«Es soll ouch kein gwällburdi (eine Vorrichtung aus Reisigbündeln zum Fischfang) vor mitten brachot (Brachmonat, d. h. Februar) geburt werden, darmit der hürlingleich (der diesjährige Laich) nit verderpt, sondern geschirmpt (geschützt) blybe.»

Ganz allgemein sagte man *i mas nid büüre, es isch mer z schwäär* oder mit zu i entrundetem *ü mues i alls sälber bire* «muss ich alles selber schleppen». Die reflexive Form *es bürt mi* wird wie *es lüpft mi* gebraucht im Sinne von «es ekelt mich zum Erbrechen, es würgt mich»: *I ha mi fasch z Tood bürt un es het doch nid wölle choo.*

Das Verb *büüre, büere* ist abgeleitet vom alten Wort *bor* «Höhe», das heute noch in den Wörtern *empor, älter in bore,* und *Empore* vorkommt. Im Deutschen des hohen Mittelalters war *büren, boeren* noch geläufig; wir finden es z. B. im Nibelungenlied *mit ûf erbürten swerten* «mit aufgezogenen Schwertern» und in Wolfram von Eschenbachs Dichtung «Willehalm» *bürt den vanen hôh* «hebt die Fahne hoch empor». Der Reformator Martin Luther brauchte wiederholt den Ausdruck *purdi* für «schnell fort». Das ist nichts anderes als *bur di* «auf bzw. erhebe dich und geh»: «Frech hinzu laufen wie die Säu, purdi, purdi, ohn alle Forchte und Demuth.»

Büren, büüre ist verschwunden, weil es durch das Verb *heben* bzw. *lupfe, lüpfe* vollständig verdrängt worden ist. Den Übergang vom einen zum anderen Wort dokumentiert die oft verwendete Doppelformel *bür und lüpf.* Auch wird der Ausdruck *über ds Chübeli büüre* später abgeändert zu *über ds Chübeli lüpfe,* z. B. im Berner Kalender von 1840: «Viele rühmen sich ihrer Betrügereien und wie sie Den und Diesen über's Kübli gelüpft.»

Was mit dem *Chübeli* gemeint ist, wird aus einer Luzerner Parodie des Nachtwächterrufs deutlich:

«Losid, was will i sage:
D Glogge hed zäni gschlage;
Wenn er ekei Chübel händ,
so brünzlid is Gade.»

Der *Chübel* oder das *Chübeli* ist ein hölzernes Nachtgeschirr. Über dieses Nachtgeschirr hält man kleine Kinder, wenn sie ihr Geschäft verrichten müssen. *Öpper über ds Chübeli büüre* meint also im ursprünglichen Sinn «jemanden wie ein Kleinkind über das Nachttöpfchen halten».

Diese Bedeutung wird ausgeweitet zu «jemanden wie ein Kleinkind behandeln», d. h. «jemanden zum Narren halten». Eine ähnliche Bedeutung, die sich auch auf den Umgang mit einem Kleinkind bezieht, hat die Redensart *uf en Aarm nää*.

«He, so säg nen eifach d Warheit, de gloobe si grad ds Gägeteel u du chauscht se däwäg uber s Chübeli büüre», schreibt Emil Günter 1908 in *s Järbsyte Peters Gschichtli vom alte Napolion u vom Chräjebüel*. Die Redensart findet man auch im Rheinischen Wörterbuch *enen op den pott büren* «überlisten».

Das geit uf ke Chuehut

Das geit uf ke Chuehut meint «das übersteigt jedes Mass, es ist unerhört, es ist nicht zu ertragen».

Wer verärgert ausruft *das geit uf ke Chuehut, wi sech dää geschter em Aabe wider het ufgfüert,* benutzt eine weit verbreitete Redensart, die in der Form *es geht auf keine Kuhhaut* im Hochdeutschen geläufig ist, in vielen deutschen Mundarten und auch im Niederländischen *het gaat* bzw. *past op geen koehuid* vorkommt.

Die Redensart stammt aus dem Mittelalter, aus jener Zeit also, in der man von Hand auf Pergament schrieb. Pergament guter Qualität wurde in der Regel aus den Häuten von Schafen, Ziegen und Kälbern hergestellt, deshalb nannte man das Pergament in der deutschen Sprache auch *Kalbs- oder Kälberhaut. Eteswas kelberhut sîn lassen* meinte «eine Vorschrift nicht einhalten», d. h. die Vorschrift steht zwar auf dem Pergament, aber man beachtet sie nicht. *Hundshaut* und *Kuh-* oder *Kühhaut* sind als Spottbezeichnungen für Pergament belegt.

Auf einem Graffito aus dem 14. Jahrhundert in der Stiftskirche St. Georg auf der Bodenseeinsel Reichenau ist zu sehen, wie ein Teufel das «plapla» der «tumben wibun (dummen Weiber)» auf eine Kuhhaut schreibt. Die Geschichte zu diesem Graffito ist ein Exempel, d. h. eine ausschmückende Geschichte, aus einer um 1200 verfassten Predigt des französischen Kardinals Jacques de Vitry. Sie erzählt, wie ein Priester während einer Predigt einen Teufel mit Zähnen und Händen an einem Pergament zerren sieht. Der Teufel erklärt auf die Frage des Priesters, was er da tue, er habe das unnütze Schwatzen in der Kirche aufzuschreiben und dafür reiche ein gewöhnliches Pergament nicht, es sei zu klein. Genügend Platz böte nur eine Kuhhaut. Was der Teufel aufschreibt, soll natürlich beim Jüngsten Gericht als Belastungsmaterial dienen. Im Exempel von Jacques de Vitry erzählt der Priester der Gemeinde, was er gesehen hat; die Gemeinde zeigt sich reuig, und der Teufel muss das Aufgeschriebene wieder streichen. Im Buch «Flöh-Haz, Weiber-Tratz» von 1573 nimmt der Strassburger Schriftsteller und Jurist Johann Fischart Bezug auf diese Szene:

«Darzu ich ja nicht der teufel haisz
Der hinder der mess ohn gehaisz
Sin kuhaut voll schrib solcher reden,
die zwei frumb weiblin zusammen hetten
ich wolt er het gehabt treck in zänen,
da er die kuhaut muszt ausdänen.»

Auch in seiner Geschichtsklitterung von 1575 bezieht sich Fischart explizit auf Vitrys Exempel, wenn er schreibt:

«Der Teuffel hinder S. Martins Mesz mit weissen Rubenzänen (grossen Zahnen) das Pergamen, darauff der alten Welschparlirenden Weiber geschnader zu copieren, musz wie der Schuster das Leder […] erstrecken.»

Auf diese Geschichte geht die Redensart *das geht auf keine Kuhhaut* zurück. Sie kommt bereits in der Literatur des 16. Jahrhunderts in verschiedenen Formen oft vor. Der Reformator Martin Luther (1483–1546) schreibt: «Bin ein […] Ubertretter aller Gottes gebot / und ist meiner Sünden (leider) so viel / das sie freilich auff eine grosse Kuehaut nicht alle kündten geschriben werden.» Der lutherische Theologe Matthias Flacius (1520–1575) spottet über «Ablasse / welche man kaum auff eine Kuehaut ordentlich schreiben köndte». Auch in einer Schweizer Quelle aus dem 17. Jahrhundert ist die Redensart belegt:

«Stund es dir an der Stirnen gschriben,
was du dein Lebtag hast getriben,
gwüss gieng es auf ein Kühhaut nicht.»

Im Roman «Insel Felsenburg» aus dem 18. Jahrhundert wendet sie der Autor Johann Gottfried Schnabel bereits ins Komische: «Er hielt mir die Kuhhaut oder vielmehr die Elefantenhaut vor, worauf meine Sünden verzeichnet waren.»

Auf die Kuhhaut als übergrosses Sündenregister geht vielleicht auch eine mittelalterliche und frühneuzeitliche Strafpraxis zurück. Schwerverbrecher konnte man, um sie zu erniedrigen, auf eine Kuhhaut legen oder in eine Kuhhaut nähen und so auf die Richtstätte schleifen. Im 17. Jahrhundert wird von einem mehrfachen Mörder berichtet, er sei «ergriffen und anno 1672 nach urthel und recht auf einer kühhaut hinaus geschleifft, mit glünden zangen in die brüste und armen gezwicket, mit dem rade geschlagen und darauf geleget worden». Oft wurden Straftäter, nachdem sie gerichtet worden waren, in eine Kuhhaut eingenäht verscharrt.

Die Redensart *das geht* bzw. *passt auf keine Kuhhaut, das geit uf ke Chuehut* ist heute noch sehr geläufig. Am 12. Mai 2010 schrieb die Augsburger Allgemeine unter dem Titel «Das passt auf keine Kuhhaut» über einen Lieder- und Vorleseabend zum Thema «Wo Leder klingt und schwingt». Mundartformen finden wir z. B. im Baselbieter Wörterbuch *das goot ùf kchäi Chuehut,* im Zürichdeutschen Wörterbuch *das gaat uf kä Chuehuut* und im Simmentaler Wortschatz *das het ùf kìr Chuehut Platz.*

Dräck am Stäcke haa

Er het Dräck am Stäcke meint «er ist nicht integer, er hat sich etwas zuschulden kommen lassen», z. B. *i troue dere niid, di het sicher Dräck am Stäcke.*
　Dreck war in der alten Welt mit Strassen und Wegen ohne festen Belag überall. Wer reiste, wer draussen arbeiten musste im Feld, auf dem Acker oder im Garten machte sich dreckig, vor allem wenn es nass war. Dreck war eine ständige Plage, weil man sich und die Kleider nur mit grosser Anstrengung einigermassen sauber halten konnte. Deshalb verwarf man nicht gleich *wäge jedem Dräckli* «wegen jeder Kleinigkeit» die Hände. Aber noch als Kind musste ich oft hören *zie d Schue ab, süsch bringsch Dräck ine.* Wenn ich schön angezogen war, hiess es *tue nid dräckele* oder *mach di nid dräckig.* Dreck wurde deshalb bereits in der Sprache des Mittelalters zum Sinnbild für Unrechtes, Böses, Übles und Nichtswürdiges.
　E Dräck bzw. *ke Dräck* kann ich sagen für «gar nichts», *das geit di e Dräck aa* für «das geht dich gar nichts an» und *da hesch dr Dräck* für «da hast du die Bescherung». Man kann jemanden *wi Dräck* oder *wi dr letscht Dräck* «wie Abschaum» behandeln. Wer jemanden *dür e Dräck ziet* oder *im Dräck tröölet,* macht ihn bei andern schlecht. Wer *vor angerne dräckegi Wösch wäschet,* zerrt private Unstimmigkeiten an die Öffentlichkeit. Wer *töiff im Dräck hocket,* ist in grossen Schwierigkeiten. *I mues dr Dräck mache* meint «ich muss die schmutzige Arbeit verrichten». Hilft man jemandem aus einer schlimmen Lage, *ziet me ne us em Dräck.* Es jemandem *dräckig mache* meint «unfair mit ihm verfahren». Den Ausdruck *dräckig gaa* brauchen wir für «ohne eigenes Verschulden schlecht gehen».

Wer *i Dräck tschalpet, im Dräck steckt* oder *ligt,* d. h. «Unrecht begeht» oder «in einer üblen Lage ist», ist beschmutzt; das begangene Unrecht ist offenbar. Hat jemand jedoch *Dräck am Stäcke,* sieht man ihm das fehlbare Verhalten nicht an. Der Dreck ist nur am Stecken; den kann der Urheber des Unrechts wegstellen und weiterhin den Biedermann spielen. Die Redensart *er het Dräck am Stäcke* zielt oft auf diejenigen, die unter dem Deckmantel der Wohlanständigkeit unerlaubte Geschäfte tätigen, betrügen oder andere Menschen plagen. Man brauchte und braucht sie deshalb gern, um Höhergestellte, die glauben, sich alles erlauben zu dürfen, zu kritisieren. In einer Zeitung aus dem Jahr 1907 lesen wir:

«Man wird den vornehmen Schmutzgüggel in Amt und Ehren lassen, weil eben auch andere Hochgestellte Dreck am Stecken haben.»

In dieselbe Richtung weist ein Abschnitt eines Artikels im Handelsblatt vom 4. Januar 1999:

«Ein kleines, hochmotiviertes Team von Bochumer Staatsanwälten will den Dreck am Stecken der Grossen beweisen.»

Und am 18. Februar 2012 titelte die Giessener Zeitung: «Dr. h. c. Joachim Gauck, ein Saubermann mit Dreck am Stecken.»

Nicht nur Personen, sondern auch ein Amt kann *Dreck am Stecken haben,* denn Die Zeit vom 12. Januar 1956 schreibt unter dem Titel «Wenn das Finanzamt Dreck am Stecken hat» über das Finanzamt von Niedersachsen.

Die Redensart *Dräck am Stäcke haa, Dreck am Stecken haben* ist also noch sehr geläufig. Sie kann nicht alt sein, denn die frühesten Belege in den Wörterbüchern und Lexika sind aus dem Beginn des 19. Jahrhunderts. In der Zeitschrift «Gartenlaube» von 1905 schreibt der bayerische Schriftsteller Ludwig Ganghofer in einer Erzählung:

«Die meisten aber leugnen die Hexerei, weil sie selber Dreck am Stecken haben und vor dem Richter zittern.»

Mundartbeispiele für die Redensart findet man z. B. im Berndeutschen Wörterbuch *Dräck am Stäcke,* im Baselbieter Wörterbuch *Dräkch am Stäkche haa,* im Obwaldner Mundart-Wörterbuch *Dräck am Stäckä ha,* im Alemannischen Wörterbuch der süddeutschen Alemannen *Dräck am Stecke haa* und im Pfälzischen Wörterbuch *der hat Dreck am Stegge.*

In Egi haa

In Egi haa meint «im Zaum halten, einer Kraft entgegenhalten», z. B. lässt sich über eine Lehrerin mit einer schwierigen Klasse sagen *wi sträng si o isch, si ma se nid in Egi haa.*

Die Redensart *in Egi haa* ist heute am Verschwinden; ich hörte sie als Kind nur noch selten von älteren Leuten und Bauern. Im Wörterbuch der schweizerdeutschen Sprache ist *in (der) Egi haa, i der Hegi bhaa* belegt für das Bernbiet, das Entlebuch und das Prättigau. In der Bedeutung «im Zaum halten» lässt sie sich anwenden auf Tiere und auf Menschen. Jeremias Gotthelf schreibt im Roman «Leiden und Freuden eines Schulmeisters» von 1838/39 über eine Frau, die «das Auge des Dorfes», das alles sieht, auf sich fühlt: «O so ein Dorfauge ist eine gute Sache und hält manche in der Egi!» Von der schönen Frau Madeleine Wagner erzählt Rudolf von Tavel (1866–1934) im Roman «Unspunne», wie sie sich mit dem Volk am Fest freut, jedoch ganz Dame bleibt und so *«alles in Egi heig».* Auf Dinge oder Verhältnisse angewendet, meint *in Egi haa* «im Gleichgewicht halten, Widerstand leisten, standhalten». Wer z. B. beim Kirschenpflücken eine lange Leiter an einen neuen Platz stellt, muss sie beim Senkrechttragen *in Egi haa,* dass sie nicht umfällt.

Wir verstehen das Wort *Egi* nicht mehr, weil es bis auf kleine Reste verschwunden ist. Im Deutschen des Mittelalters meinte *ege,* älter *agi* «Furcht, Schrecken». «Die sêle begreif ein starchiu ege – die Seele ergriff eine starke Furcht» ist in einem Text zu lesen, in einem andern «der guoten vröude ist arger ege – die Freude der Guten ist der Schrecken der Bösen». Das Wort ist verwandt mit gotisch *agis* und englisch *awe,* älter *age* «Ehrfurcht»; der Ausdruck *to hold in awe* meint «Ehrfurcht haben vor». Abgeleitet von *ege* war im Mittelhochdeutschen des hohen Mittelalters das Adjektiv *egeslich,* verkürzt *eislich* mit der Bedeutung «schrecklich». Bis in die neuere Zeit hat sich im Deutschen der Schweizer das Verb *egen* «drohen» erhalten, das auch von *ege* abgeleitet ist. Im Schaffhauser Stadtbuch aus dem 14. Jahrhundert wird in die Schranken gewiesen, wer «vor gericht unbescheidenlich redet ald gebaret oder eget mit den henden – vor Gericht dreist spricht und sich gebärdet oder droht mit den Händen». Ein Gesetz von 1419 verbietet einem Waffenträger das «zucken oder egen – Zücken oder Drohen». Der Ausdruck *er het geget z zürne* meint «er drohte zu zürnen», d. h. er wollte es übelnehmen.

So ist mit *in Egi haa* in einigen Mundarten eine Redensart erhalten geblieben mit dem Wort *Egi,* das schon früh aus der Schriftsprache verschwunden ist. Man findet es in keinem grossen historischen Wörterbuch des Deutschen. Vor kurzem hat der Oberaargauer Lehrer und Mundartautor Jakob Werner May (*1927) die Redensart noch gebraucht in seinen Geschichten aus dem Dorfleben «Vo Chüechle und Jasse. Vo Gärn-Haa und Hasse». Er schreibt: *«Hoffetlech cha sech ds Hermine echly in Egi ha und lot nid linggs und rächts Chläpf lo flädere.»* Im Prättigauer Mundartwörterbuch von 1996 ist das Wort *Eegi* «Ordnung, Gleichgewicht» aufgeführt mit der Redensart *in Eegi hebä* «im Gleichgewicht, in Grenzen halten». Das Senslerdeutsche Wörterbuch erwähnt *Egi* «Gegendruck, Widerstand» als nur noch in der Redensart *in Egi haa* «Gegendruck geben, entgegenhalten» gebräuchlich. Auch laut Simmentaler Wortschatz wird *Egi* nur noch in der Redensart *in Egi haa* «im Zaume halten» gebraucht.

Z Fade schlaa

Z Fade schlaa meint «vorbereiten, in die Wege leiten», z. B. *üsi Reis isch itz afe z Fade gschlage*.

Der Ausdruck, nicht die Redensart, *zu Faden schlagen* kommt in zwei Bereichen vor. Erstens ist er ein Fachausdruck der Schneiderarbeit. In seiner Oekonomischen Encyklopädie von 1777 definiert Johann Georg Krünitz:

«Zu Faden schlagen, den Faden schlagen, bey den Schneidern, zwey Stücke Zeug mit weitläufigen Stichen verlohren zusammen nähen, damit man sie ordentlich zusammen nähen könne.»

In seinem Fachbuch «Das Ganze der Kleidermacherkunst» von 1837 definiert Friedrich Adolph Heyder im Kapitel «Zufadenschlagen» die Bedeutung etwas enger:

«[Das Zufadenschlagen wird] blos bei schon zugeschnittenen Theilen, welche Unterfutter erhalten, und zwar erst, wenn Taschen, Knopflöcher, Knöpfe u. dergl. schon daran befindlich sind, angewendet. [...] Vermittelst durchgehender Vorstiche wird Futter und Überzug an einander geheftet oder zu Faden geschlagen, und nach Verfertigung des Kleides, nach dem Biegeln, der darauf liegende Faden ausgezogen.»

Zweitens ist *zu Faden schlagen* ein Fachausdruck beim Holzschlagen. Das Wort *Faden* bezeichnet nicht nur ein Längenmass, sondern nach Johann Heinrich Campe im Vollständigen Wörterbuch der deutschen Sprache von 1808 auch ein Holzmass, nämlich «so viel als eine Klafter: ein Faden Holz, ein Haufen Holz, drei Ellen lang und hoch; Holz in Faden setzen, zu Faden schlagen».

In vielen Quellen des 18. Jahrhunderts begegnet man dem Ausdruck *Holz in Faden schlagen* und der Mengenbezeichnung *Faden Holz*. Darauf zurück geht die alte Redensart *krummes Holz lässt sich nicht gut in Faden setzen* «Widerspenstiges lässt sich nicht gut einordnen».

Die Redensart *zu Faden schlagen* ist seit dem 17. Jahrhundert belegt und geht eindeutig auf das Schneiderhandwerk zurück. Da ist das Zufadenschlagen eine vorbereitende Arbeit. Deutlich macht die Herkunft aus der Schneiderarbeit auch ein früher Beleg. Im Titel einer Hochzeitsschrift aus dem Jahr 1634 heisst es, sie sei «Zusammen getragen / Ein wenig verstochen / In hoher Eyl / Zu Faden geschlagen». Nur der Schneider kann etwas ein wenig verstechen, nicht derjenige, der Holz zu Faden schlägt.

Seit dem 17. Jahrhundert ist die Redensart literarisch gut belegt, so z. B. bei Hans Jakob Christoffel von Grimmelshausen (um 1622–1676) «die meisten Buhlschaften würden in Italia an solchen heiligen Orten gestiftet und zu Faden geschlagen» und «bis alles dem Göttlichen Willen nach zu Faden geschlagen worden», bei Jeremias Gotthelf (1797–1854) «[man] gebe seinen Willen dem Notar kund, der könne die Sache gehörig zu Faden schlagen» und bei Heinrich Federer (1866–1928) «der Spass ist erst zu Faden geschlagen». Das Buch «Redewendungen» von Duden bezeichnet *zu Faden schlagen* als schweizerisch. Tatsächlich ist die Redensart in Deutschland aus der Schriftsprache weitgehend verschwunden, aber in den Mundarten durchaus noch lebendig. Im Schweizer Hochdeutschen ist sie auch selten geworden; im Amtlichen Bulletin der Bundesversammlung von 2003 ist sie in Anführungszeichen gesetzt: «In der Legislaturperiode, die wir jetzt ‹zu Faden schlagen›.» In den Mundarten der deutschsprachigen Schweiz ist *z Fade schlaa* hingegen geläufig. Eine ähnliche Bedeutung wie *z Fade schlaa* hat die übertragene Bedeutung des Wortes *iifädle* «in die Wege leiten».

Ke Fäderläsis mache

Ke Fäderläsis mache meint «keine Umstände machen, zur Sache kommen», z. B. *mach ke Fäderläsis u chum ine*.

Die Redensart *ke Fäderläsis mache, nid lang Fäderläsis mache,* hochdeutsch *nicht viel Federlesens machen,* neuer *nicht viel Federlesen machen,* ist im ganzen deutschsprachigen Raum heute noch geläufig. Für sie werden zwei Erklärungen herumgeboten. Die eine erzählt, bereits im Mittelalter habe man angesehenen Leuten nach einer Reise Federchen von ihren Kleidern geklaubt, um ihnen zu schmeicheln. Aus diesem Federklauben habe sich die Redensart entwickelt. Es gibt keinen Originalbeleg, der diese Erklärung stützen würde.

Die zweite Erklärung steht in deutschen Wörterbüchern seit dem Ende des 18. Jahrhunderts. Die Version aus Joachim Heinrich Campes Wörterbuch der deutschen Sprache von 1809 lautet:

«Federn lesen, das Weiche, Feine von dem Kiele abziehen, und es von dem Gröbern und Härtern absondern. Von dem Umstande, dass dieses nur langsam geschehen kann, sagt man im gemeinen Leben, nicht viel Federlesens machen, nicht lange zaudern, keine Umstände machen.»

Ausserhalb der Wörterbücher gibt es keinen älteren Originalbeleg, der diese Erklärung stützen würde. Belege aus dem Schrifttum des 15. bis 18. Jahrhunderts, welche in die Richtung der Redensart weisen, führen von der Vogelfeder weg zur Schreibfeder. Man findet zwei Ausdrücke, in denen die Wortverbindung *Feder lesen* vorkommt. Der eine heisst *jemandes Feder lesen* und meint «lesen, was jemand geschrieben hat». Obwohl dieser Ausdruck aus der Zeit des Schreibens mit der Feder stammt, wurde er auch nach der

Erfindung des Buchdrucks noch gebraucht. Philipp Jacob Spener stellt in seinen Theologischen Bedencken von 1715 fest:

«So ists auch mit dem vater unser, da wir in unseren eigenen bibeln das unser vater aus Lutheri feder lesen.»

In seinen Proben der Poesie von 1710 schreibt der Jurist und Schriftsteller Gottlob Sigmund Corvinus «wünscht jemand meine Feder lesen» und meint damit «wünscht jemand zu lesen, was ich geschrieben habe», und Friedrich Freiherr von der Trenck entwirft 1786 für seine Grabinschrift den Gedanken, dass man erst «aus Menschen Federn lesen» werde, wer er wirklich gewesen sei. Der Ausdruck lässt sich verfolgen bis in die Zeit Goethes.

Der zweite Ausdruck heisst *in jemandes Feder lesen* und meint «jemandem in die Feder diktieren». Einen frühen Beleg für diesen Ausdruck findet man in der Historia Leben und Sterben Juliis des ersten Keysers von 1579 des Nürnberger Schuhmachermeisters und Schriftstellers Hans Sachs:

«Seiner zeit gleichet ihm niemand /
Dass er miteinander einr stund (d. h. gleichzeitig)
Schreiben / lesen und hören kund /
Dergleich darzu auch dichten wol /
Siben schreibern kund er für vol
Auff einmal in die Federn lesen /
So guter Gedechtnuss ist er gewesen.»

Dieselbe Geschichte von grossem geistigem Vermögen erzählt auch Michael Jakob Fabri in seinem Buch «Von der Allgemeinen Aufferstehung der Todten» von 1564:

«Aelius Adrianus der zwölfft Römisch Keiser […] war einer solchen gedechtnuss / das er zu einer zeit kunde schreiben / in die federn lesen / hören / und mit den Freunden reden.»

Wie es vom Ausdruck *Feder lesen* «Geschriebenes lesen,

sich schriftlich verständigen» zur Redensart *ohne viel Federlesens* «ohne Umstände» gekommen sein könnte, zeigen einige Belege, bei denen nicht klar wird, wie *Feder lesen* gemeint ist. In einer kurpfälzischen Verfügung von 1747 heisst es z. B.:

«Dass ein jeder Landes-Herr befugt seye, zu jeder Frist Landes-Visitationes ohne viel Feder-lesen zu veranstalten.»

Ist der Landesherr befugt, solche Visitationen zu machen, ohne vorherige schriftliche Absprache oder ohne Umstände zu machen? Beides ist möglich. Ein sehr schönes Beispiel für den möglichen Übergang vom gewöhnlichen sprachlichen Ausdruck zur Redensart steht in den Curieusen Nachrichten aus dem Reich der Beschnittenen von 1738. Ein Erzähler berichtet:

«Ich machte nicht viel Feder-lesens, sondern warff mich auf ein Post-Pferd, und jagte Stuttgart zu, […] und siehe, meine Sevi, ich ware noch so behertzt, der Durchläuchtigsten Frau Gemahlin zu erst diese allerschmertzhaffteste Post zu hinterbringen.»

Meint hier *ich machte nicht viel Federlesens* noch «ich verliess mich nicht auf das umständliche Schreiben» oder einfach «ich machte keine Umstände»? Das lässt sich meines Erachtens nicht entscheiden. Sicher ist, dass bereits aus dem 17. Jahrhundert klare Belege für die Redensart vorliegen, in denen nur noch die Bedeutung «keine Umstände machen, unverzüglich handeln» zum Ausdruck kommt. So schreibt Heinrich Anselm von Ziegler und Kliphausen in seinem Täglichen Schau-Platz der Zeit von 1695 über Robert Graf von Essex, der am 7. März 1601 in England enthauptet wurde:

«Essex selbst wurde durch seinen Hut geschossen / und weil er hier viel Feder-lesens zu machen nicht vor rathsam hielt / so schliech er gen Heath / setzte sich auff einen Kahn / und fuhr heim.»

Auch in Oberst Friedrich Albert Wyttenbachs Bemerkungen über die Kriegs-Verfassung des Cantons Bern von 1823 ist ein Beleg für das Federlesen, so wie wir es heute verstehen:

«Wir machen nicht gerne langes Federlesen, sondern stürmen lieber eng aneinander geschlossen darauf los und suchen das Handgemenge.»

Meines Erachtens lässt sich die Redensart *ke Fäderläsis mache, nicht viel Federlesens machen* mit Geschichten, die von der Vogelfeder ausgehen, nicht belegen. Sie sind entweder frei erfunden oder von Wörterbuchmachern konstruiert worden. Nur mit Beispielen, welche von der Schreibfeder ausgehen, lässt sich eine Entwicklung vom sprachlichen Ausdruck zur Redensart vernünftig skizzieren. Die Redensart ist auch in der Schriftsprache heute noch geläufig. Der Bund betitelte am 8. Mai 2009 einen Artikel über den Tiermaler Jörg Kühn mit der witzigen Anspielung «Er machte viel Federlesens», weil er das Federkleid der Vögel akribisch genau malte.

Die Mundartform ist z. B. belegt im Zürichdeutschen Wörterbuch *nüd lang Fäderläsis mache,* im Berndeutschen Wörterbuch *Fäderläsis mache,* im Schaffhauser Mundartwörterbuch *nid lang Fäderläsis mache,* im Prättigauer Mundartwörterbuch *nid lang Fäderläckis mache* und in Wallissertitschi Weerter *kes Fäderläsu.*

Keni Fisimatänte mache

Keni Fisimatänte mache meint «keine Umstände, kein Aufhebens, keine Schwierigkeiten machen», z. B. *mach keni Fisimatänten u säg grediuse, wi du di Sach aaluegsch.*

Das eigenartige Wort *Fisimatänte* oder *Fisimatänze,* hochdeutsch *Fisimatenten,* ist im ganzen deutschsprachigen Raum verbreitet, so auch die Redensart *mach keine Fisimatenten* oder *keine Fisimatenten, bitte.* Immer wieder hört man die Geschichte, die Redensart stamme aus der Zeit der deutschen Revolutionskriege Anfang des 19. Jahrhunderts. Die einen erzählen, französische Offiziere hätten mit hübschen, jungen Frauen angebändelt und sie mit den Worten *visitez ma tente* «kommen Sie in mein Zelt» für ein Schäferstündchen in ihr Quartier gebeten. Dazu wäre zu bemerken, dass Offiziere der napoleonischen Armee in städtischen Quartieren kaum je in Zelten gehaust haben dürften. Andere erklären, wer sich nachts verspätet habe und zur Zeit der Ausgangssperre noch unterwegs gewesen sei, habe sich mit den Worten *je viens de visiter ma tante* «ich war eben bei meiner Tante zu Besuch» aus der Patsche zu helfen versucht. Der Ausdruck *visitez ma tente* bzw. *visiter ma tante* sei dann zu *Fisimatenten* verballhornt worden. Für diese hübsche Herleitung des Wortes *Fisimatenten* gibt es leider keinerlei Belege; sie ist wohl frei erfunden.

Die Herkunft von *Fisimatenten* ist nicht ganz geklärt, aber es gibt deutliche Spuren aus einer Zeit, die viel weiter zurückliegt als die Zeit der Befreiungskriege. Im 15. Jahrhundert nannte man in der Amtssprache behördlich geprüfte Urkunden *visae patentes litterae.* Im 16. Jahrhundert wurde der Ausdruck zu *visepatentes,* eingedeutscht *visepatenten* verkürzt. Weil das Ausfertigen einer solchen Urkunde in der Regel umständlich war und seine Zeit dauerte – der Amtsschimmel wieherte damals schon kräftig –, erhielt das Wort *visepatenten, visepetenten* bereits im 16. Jahrhundert die Bedeutung «unnütze Schwierigkeiten, dummes Zeug, ein Nichts». Im niederdeutschen Fastnachtsspiel «Claws Bur» aus dem 16. Jahrhundert heisst es: *So is mîn pastorîe visepetent* «so ist meine Pfarrei nichts mehr wert». Der Dichter Burkard Waldis (um 1490–1556) sagt in seiner Fabelsammlung «Esopus»:

«Der Luther sagt und sein scribenten,
Die geistlichkeit sei visipatenten,
Sei gar unnütz und nichtes wert,
Vergebens Gott damit wird geert.»

Zur m-Form *Fisimatenten* könnte es dadurch gekommen sein, dass sich *visepatenten* im 17. Jahrhundert mit *visament* bzw. *fisiment* vermischte. Dieses Wort bezeichnete im Mittelhochdeutschen die Gesichtszüge, das Aussehen eines Menschen, sozusagen seine Physiognomie. Später brauchte man es, um im übertragenen Sinn die kunstgerechte Einteilung eines Wappens zu bezeichnen. Bereits im 14. Jahrhundert braucht der österreichische Wappendichter Peter Suchenwirt den Ausdruck «der wâpen visament plasnieren – die Einteilung eines Wappens vornehmen». Später verstand man unter *visament* im negativen Sinn ein «unnützes verzierendes Beiwerk».

Das Luxemburgische Wörterbuch und das Wörterbuch der deutsch-lothringischen Mundarten leiten *Fisimatenten* aus dem lateinischen Ausdruck *visum authenticum* her. Er bezeichnete die bedeutungslosen Schnörkel, die den Namenszug in amtlichen Unterschriften umgaben und die Echtheit der Unterschrift bezeugen sollten.

Die erste Deutung lässt sich besser belegen als die zweite. Für welche man sich letztlich auch entscheidet, deutlich ist, dass sich die Bezeichnung *Fisimatenten* aus dem lateinischen Fachwortschatz der Kanzleien und der Heraldik entwickelt hat. Er stammt nicht aus verlockenden Reden oder Ausflüchten, die zur Zeit der Befreiungskriege auf Französisch geäussert wurden.

Dieselbe Bedeutung wie *mach keni Fisimatänte* hat *mach keni Spargimänter*. *Spargimänt, Spargiment* bzw. *Sparglement* ist entlehnt aus italienisch *spargimento* «das Verbreiten, Vergiessen». Die ursprüngliche Bedeutung von *Spargimänt* ist das Verbreiten eines Gerüchts, das nicht wahr ist. In einer Quelle aus dem Jahr 1764 wird bedauert, «dass in löblicher Eidgnosssschaft viele unbegründte Spargamenter und Ausstreuungen gemacht worden». Aus dieser Bedeutung hat sich später die Bedeutung «unwahre oder unnötige Umständlichkeiten oder Weitschweifigkeiten» entwickelt. Der Philosoph Gottfried Wilhelm Leibniz schreibt im Postscriptum zu einem Brief vom 26. März 1698: «Ich kann mich nicht gnug verwundern wie die leute zu den Spargimenten kommen …» Die Redensart *mach mer kää Sparglemente* finden wir auch im Pfälzischen Wörterbuch und *Spargimende mache* im Rheinischen Wörterbuch.

Auch zürichdeutsches *mach kä Pflänz* heisst «mach keine Umstände». Das Wörterbuch der schweizerdeutschen Sprache stellt *Pflänz* in dieser Bedeutung zum Wort *Pflanze*. Es erklärt, die Bedeutungsübertragung zu «Umstände, Umschweife» sei wohl über die Bedeutung «verzierendes Rankenwerk» zu erklären. *Mach käni Pflänz* habe also ursprünglich «mach keine Zierranken (um das, was du sagen willst)» gemeint.

Füfi la graad sii

Füfi la graad sii meint «ein Auge zudrücken, Nachsicht üben, es nicht so genau nehmen», z. B. *mir wei füfi la graad sii u nid grad a jedem Fäälerli desumenöörggele, wo si het gmacht.*

Bei *füfi la graad sii,* hochdeutsch *fünf(e) gerade sein lassen,* verhält es sich wohl so, wie Johann Christoph Adelung in seinem Grammatisch-kritischen Wörterbuch der hochdeutschen Mundart von 1808 schreibt: «So ist 4 eine gerade, 5 aber eine ungerade Zahl. Fünf gerade seyn lassen, es nicht so genau nehmen, Nachsicht üben.» Erstens ist in der Schriftsprache auch die Form *fünf eine gerade Zahl sein lassen* belegt und zweitens kommt die Redensart, wenn auch viel seltener, mit anderen ungeraden Zahlen als fünf vor.

Der Schriftsteller Berthold Auerbach schreibt in Dichter und Kaufmann von 1840: «Hätt' er's gemacht wie unser eins, hätt' sieben gerad sein lassen, und hätt' gute Geschäfte gemacht, so hätt' er seine goldene Ducaten noch.» In seinem Nachruf auf Bischof Jakob Feucht von 1589 braucht Johann Ertlin, Weihbischof von Bamberg, den Ausdruck «Krummeneune gerad seyn lassen». Der Schriftsteller Johann Kaspar Riesbeck erzählt in seinen Briefen eines reisenden Franzosen über Deutschland von 1783 an seinen Bruder von «Eingebohrnen, die bey ihren Bierkrügen eilfe gerad seyn lassen». Und Ernst Friedrich Wüstemann erklärt in seinem Deutsch-Lateinischen Handwörterbuch von 1826 den Ausdruck «ich will dreizehn gerade sein lassen». Nicht auf eine ungerade Zahl bezieht sich der Theologe Franz A. Oberleitner in seinen Geistlichen und unfehlbaren Bauren-Reglen von 1748, wenn er von Hausvätern schreibt, die «mit ihrer liederlichen Hausshaltung zimlich über die Schnur hauen, ihr Hausswesen mehrentheils übel regieren, unbescheidentlich straffen, und wohl auch bissweilen was krumm ist, gerad sein lassen».

Die Redensart *fünf(e) gerade sein lassen* ist seit dem 16. Jahrhundert reich belegt. Eines der frühesten Beispiele findet sich in der Sprichwörtersammlung des Buchdruckers Christian Egenolff (1502–1555):

«Das ist / Mann muoss etwa fünff gerad lassen sein / Nit alle ding berafflen / sonder mit der haussscher beschneiden / Mit den wolfen heulen / unnd zuo viler thorheyt der welt durch die finger sehen.»

Während Egenolff die Redensart in zustimmendem Sinn zitiert und meint, man müsse auch hin und wieder ein Auge zudrücken können, klagt der Theologe und Satiriker Sebastian Franck in seiner Sammlung «Sprüchwörter Gemeiner Tütscher Nation» von 1545:

«O es thuot wee unbill sehen / unnd fünffe gerad lassen syn / eim guot thuon / unnd übels bezigen (bezichtigt) werden / unnd das nit dörffen sagen noch klagen / sonder das leid in sich fressen.»

In der Tat lassen sich im Gebrauch der Redensart zwei Hauptstränge verfolgen. Im geistlichen Schrifttum, vor allem auch im Beichtschrifttum, warnen die Autoren davor, *fünfe gerade sein zu lassen*. Philipp Jakob Spener, der Begründer des Pietismus, lässt in seinem Beicht-Büchlein von 1703 in einer Erläuterung zu Johannes 7.7 Jesus zu den Jüngern sagen:

«Die Welt kan Euch nicht hassen / (ihr seyd noch fein neutral / und lasset fünffe gerade seyn) / mich aber hasset sie / denn ich zeuge / das ihre Wercke böse seyn.»

Mit deutlichen Worten klagt der Theologe Philipp Albert Ortth in seinem Traktat «Unvorgreifliche Gedanken von unauflöslicher Einigkeit der Ehe» von 1683 diejenigen

Geistlichen an, die der Obrigkeit nach dem Mund reden, um sich bei ihr gut zu stellen:

«Suppen-Prediger / Fuchsschwäntzer / Heuchler und Schmeichler / die fünff grad seyn / es beym gleichen bleiben lassen / stumme Hunde agiren, säuberlich fahren mit dem Knaben Absolon / Polster unterlegen / nicht scharff ins Gewissen reden / noch den Deckel vom Hafen thun / oder das Blut-Geschwer auffstechen; sondern vielmehr alles Böse gut heissen / oder wol selber dazu helffen.»

In pointiertem Gegensatz dazu raten Autoren, die mit Staatsgeschäften vertraut sind, in ihren politischen Schriften, ab und zu *fünfe gerade sein zu lassen*. In seinem Ehrenwerten Politischen Blumengarten von 1640 schreibt der Stadtschreiber von Speyer Christoph Lehmann: «Man muss bisswilen lassen fünff gerad seyn Ein Ding mit der Hausscher beschneyden.» Und ein anonymer Autor behauptet in seinem Bericht «Gedanken und Erfahrungen eines alten Fürsten-Dieners» von 1794 gar:

«Ein Mann mit platonischen Ideen, der nur ein Aug und ein Ohr hat, der nicht vieles übersehen und überhören, der nicht in vielen Fällen fünfe gerad seyn lassen kann, der sollte nie dienen, wenigstens nicht in den ersten Stellen des Königs- und Fürsten-Diensts.»

In seinem Gedicht «An Herrn Hans Gottfried von Beuchelt» von 1722 bezeichnet der Lyriker Johann Christian Günther die Fähigkeit, auch mal fünfe gerade sein zu lassen, als ein Merkmal eines rücksichts- und gewissenlosen Karrieristen:

«Wie mancher ist ein Narr, schimpft Kluge, lacht der Frommen,
Verläst sich auf Betrug und lebt in Tag hinein,
Läst Gott den besten Mann und fünfe grade seyn
Und kommt gleichwohl ans Bret, so tumm er angefangen;

Zum Haben braucht er nichts als Kühnheit und Verlangen
Und Grobheit vor Verstand.»

Heute ist die Redensart *fünfe gerade sein lassen, füfi la graad sii* noch in der Schriftsprache und in den Mundarten geläufig. Am 5. September 2008 versah das Toggenburger Tagblatt einen Artikel über die Arbeit in einer Dementenwohngruppe mit dem Titel «Die Fünf auch mal gerade sein lassen». In der Zeitschrift «Agrartechnik» schrieb Ueli Zweifel im Jahr 2006 über die Landwirtin Silvia Bauer unter dem Titel *«'s Föifi la grad si»*. Auch der Berner Autor Rudolf von Tavel braucht die Redensart in seinem Roman «Jä gäll, so geit's!» von 1901, wenn er über den Ratsherrn schreibt:

«Gäge-n-anderi Lüt isch er je länger desch pedantischer worde; nume bi sich sälber – so het es se dunkt – laj er gärn füfi la grad sy.»

Ds füfte Raad am Wage sii

Ds füfte Raad am Wage sii meint «überflüssig sein», z. B.
*bim Max un em Trudi chume mer geng voor wi ds füfte
Raad am Wage.*

Die Redensart *ds füfte Raad am Wage sii,* hochdeutsch
das fünfte Rad am Wagen sein, muss nicht erklärt werden,
denn ihr Sinn erschliesst sich unmittelbar aus der Anschauung. Das fünfte Rad an einem Wagen ist mit seiner ungeraden Zahl überflüssig; für eine Achse mehr bräuchte es sechs
Räder.

Die frühesten Belege für diese Redensart stammen aus
dem Mittelalter. Der schwäbische Dichter Freidank schrieb
um 1230 in seinem Buch «Bescheidenheit», was so viel
heisst wie «das Bescheidwissen»: «Der wagen hât deheine
stat, dâ wol stê daz fünfte rat – der Wagen hat keine Stelle, wo das fünfte Rad angebracht wäre.» Um dieselbe Zeit
schreibt Herbort von Fritzlar im Liet von Troye, seinem
grossen Troja-Epos, «so zele man mich zem fünften rade,
und frumme ich niht, ich bin nicht schade – so nehme man
mich als fünftes Rad, und nütze ich nicht, so bin ich kein
Schaden».

Herbort von Fritzlar braucht die Redensart wie wir heute, denn wenn wir vom *fünften Rad am Wagen* hören, denken wir meistens an überflüssige Personen. Der Reformator
Martin Luther braucht die Redensart aber, um einen Sachverhalt als unnütz zu bezeichnen, z. B. wenn er im Traktat
«Warum des Papsts und seiner Jünger Bücher verbrannt
sind» von 1520 schreibt, «diess Papstthumb ist der Kirchen
eben so nutz, als das funft Rad am Wagen», oder wenn er
im Bekenntniss vom Abendmahl Christi von 1528 über
Zwingli sagt, er unterscheide «zwischen Gottes Geist und

unserm Geist, welches wohl so noth ist zur Sachen, als das funft Rad zum Wagen».

Bis ins 19. Jahrhundert bezeichnet *das fünfte Rad am Wagen sein, so wenig nützen wie das fünfte Rad am Wagen* sehr oft eine überflüssige Sache oder einen überflüssigen Sachverhalt, so z. B. in Johann Georg Seybolds Viridarium, einer Sprichwort-Sammlung von 1677, «es ist dir so wenig nutz als das fünfte Rad am Wagen» und in Eduard Heusingers Diesseits und jenseits des Oceans von 1846 «die ganze übrige philosophische Weisheit kommt mir vor wie das fünfte Rad am Wagen».

Daneben gibt es auch sehr originelle Verwendungen der Redensart, in denen das Bild des Wagenrads ausgeschmückt wird, wie in Wilhelm Böhmers Wissenschaft des christlichen Lebens von 1846:

«Wenn auch in der christlichen Theologie einzelne Vorschriften der Sittenlehre als Gebote Gottes dargestellt werden, so klappern sie doch nur, als fünftes Rad am Wagen, neben den eigentlichen Glaubenslehren her.»

Oder bei Karl Julius Weber, der in Der Staat und seine Formen von 1839 die Redensart ganz umformt, um zu sagen, dass wegen Vetternwirtschaft Amtsstellen gleich mehrfach besetzt werden:

«Staat, Cabinet, Regierungs-, Justiz-, Kammer-, Forst-, Polizeidepartments, alle dreifach mit Vettern besetzt, überall fünf Räder am Wagen.»

Schaut man über die deutsche Sprache hinaus, fällt auf, dass die Redensart bereits während der Reformation auch im lateinischen Schrifttum gebraucht wird, so z. B. vom tschechischen Reformator Jan Hus (um 1369–1415) «et sunt quinta rota in quadriga», vom flämischen Theologen Johannes van den Bunderen in seiner Lutherschrift «Nugarum Lutheri» von 1551 «quinta rota in plaustro» und vom Jesuiten Jacob Balde (1604–1668) «si quis usus est quintae rotae in quadriga». Vielleicht kam sie über das Kirchenlateinische in andere Volkssprachen, z. B. ins Französische *être la cinquième roue de la charrette* oder *être la cinquième roue du carrosse*, ins Italienische *essere la quinta ruota del carro* und ins Spanische *ser la quinta rueda del carro*.

In der Umgangssprache wird *ds füfte Raad am Wage sii, das fünfte Rad am Wagen sein* heute meistens gebraucht, wenn es um Beziehungen geht. Eine Bloggerin klagt 2006: «*Allne orte isch me meh oder weniger ds füfte rad am wage und das sit jahre ig has eso satt ig has doch ou verdient mal glücklich z si.*» Den Titel «Ds feufte Rad am Wage» hat auch ein Bühnenstück aus dem Jahr 1978 von Walter Burri.

Ds Füür im Elsass gsee

Ds Füür im Elsass gsee meint «infolge eines Schlages oder Stosses an den Kopf, vor Zorn oder Schmerz bzw. beim Niesen ein Flimmern im Kopf sehen», z. B. *es het mer eso wee taa, i ha gmeint, i gseei ds Füür im Elsass* oder *schwig, süsch houe dr eis, das de ds Füür im Elsass gseesch* bzw. *däm will i ds Füür im Elsass scho zeige* als Drohung.

Die Redensart kommt in verschiedenen Formen vor. Im Wörterbuch der schweizerdeutschen Sprache ist belegt *ds Füür im Elsass* bzw. *s Füür im Elsiss gsee* für die Nordwestdeutschschweiz, das Bernbiet, die Kantone Schwyz und Zug und das Zürichbiet, *s Füür i Holland gsee* für das Zürichbiet, *s Füür z Basel gsee* für das Aargauische und das Luzernische, *s Füür im Schwarzwald gsee* für das Aargauische und das Solothurnische und *s Füür z Bade gsee* für das zürcherische Wettswil. Die ältesten Belege sind vom Beginn des 19. Jahrhunderts. Johann Peter Hebel (1760–1826) braucht sie in seiner Kalendergeschichte «Der schwarze Mann in der weissen Wolke»:

«‹Es sind Euch Funken aus den Augen gefahren, weil Ihr habt niesen müssen.› ‹Er hat das Feuer im Elsass gesehen›, sagte der Vizepräsident.»

Im Freiämter von 1841 ist zu lesen: *«Gend im eis, das er s Füür im Elsiss unde gseht.»* Im Roman «Anne Bäbi Jowäger» von 1843/44 schreibt Jeremias Gotthelf: «Ja, Mädi hatte noch nicht ausgeredet, so hatte es eine im Gesicht, dass es das Feuer brennen sah im Elsass.» Im Roman «Käserei in der Vehfreude» von 1850 schreibt Gotthelf, Eisi sei Peterli mit allen zehn Fingern so in die Haare gefahren, «dass Peterli das Feuer im Elsass brennen sah». Der Landwirt und Schriftsteller Joseph Joachim (1834–1904) aus dem solothurnischen Kestenholz erzählt von einem ihn bedrängenden Stier: «*Er guslet mi mit em Hörnli i de Rüppene ume, ass i s Füür im Elsass g'seh bis uf Strosburg abe.*»

Ausserhalb der Schweiz ist die Redensart belegt im Alemannischen Wörterbuch der süddeutschen Alemannen *i hau dr eini ufs Grind, ass de s Fiir im Elsiss siehsch,* im Wörterbuch der elsässischen Mundarten *s Fyr im Schwarzwald sieh* und *s Fyr im Breisgaü sieh,* im Pfälzischen Wörterbuch *der hat s Fijer gesiehn* (als er verprügelt wurde) und im Rheinischen Wörterbuch *ech hauen dech, datste Feier em Schweizerland siehscht,* auch *in Holland, in Tirol, em Schwoweland* (Schwabenland), *im Baierland* und *en Engeland* und im Luxemburgischen Wörterbuch *ech haën der eng, datt d'Feier der vrun d'Aë kënnt* (dass dir das Feuer aus den Augen kommt).

Die zahlreichen Formen der Redensart zeigen, dass das Feuer bei Ortsangaben immer irgendwo in der Ferne zu sehen ist, entweder in einer Nachbarregion oder weiter entfernt. Die Schläge, der Zorn, der Schmerz, welche das Flimmern im Kopf verursachen, bewirken immer auch ein kurzes Wegtreten, eine Störung des Sehvermögens und damit der Wahrnehmung der unmittelbaren Umgebung. Nur die Entfernung ist also für die Ortsangabe von Bedeutung und keine anderen Begebenheiten wie vergangene Kriege oder grosse Brände, wie oft behauptet wird. Dafür sind die Ortsangaben innerhalb der einzelnen Sprachräume zu vielfältig. Da die Redensart in keiner gängigen Sammlung von hochdeutschen Redensarten aufgeführt ist, scheint sie nur im Südwesten des deutschsprachigen Raums bekannt zu sein. Das Variantenwörterbuch des Deutschen verzeichnet die hochdeutsche Form als Helvetismus mit der Bedeutung «starke Schmerzen haben».

Es isch Füür im Tach

Es isch Füür im Tach meint «gereizt, wütend, zornig sein» bzw. «es herrscht Entrüstung, Aufregung», z. B. *hüt geisch ere gschider us Wääg, es isch Füür im Tach bin ere* bzw. *we YB moorn wider verliert, isch de Füür im Tach.*

Die sprachliche Verbindung von Feuer und Emotionen ist seit der Antike bekannt und hat sich bis heute erhalten. Wir können glühende Liebe, glühenden Hass und glühenden Zorn empfinden, in Liebe entflammen, in Liebesglut erschauern, verliebt Feuer fangen, für jemanden oder etwas Feuer und Flamme sein, vor Verlangen, Zorn, Wut und auf Rache brennen, wutentbrannt sein, *Füür spöie vor Töibi,* jemanden *aazünte,* mit jemandem umgehen *wi Füür u Büchsepulver* und vieles mehr. In der Bibel sind die Feuermetaphern für den Zorn Gottes besonders eindrücklich. So heisst es z. B. im Psalm Davids in 2 Samuel 22.9:

«Rauch stieg aus seiner Nase auf, aus seinem Mund kam verzehrendes Feuer, glühende Kohlen sprühten aus von ihm.»

Wenn das Feuer das Schindel- oder Strohdach eines Hauses erfasst hatte, loderte es vor der Zeit modern ausgerüsteter Feuerwehren so, dass man es von weither sah und meistens nichts mehr zu retten war. Deshalb ist *Füür im Tach* für eine Wut oder eine Aufregung, welche den Verstand trübt, ein gutes Bild. Im Variantenwörterbuch des Deutschen von 2004 gilt heute schriftsprachliches *es ist Feuer im Dach* als Helvetismus, *es ist Feuer am Dach* als Austriazismus und *es ist Feuer unterm Dach* als binnendeutsche Form der Redensart. Die älteste und bis ins 19. Jahrhundert für den ganzen deutschsprachigen Raum belegte Form ist *es ist Feuer in dem Dach.*

Die frühesten bekannten Belege stammen vom Südtiroler Sänger, Dichter und Politiker Oswald von Wolkenstein (um 1377–1445). In seinen Liedern «Freuntlicher blick» und «Ain tunckle farb» singt er von sich «so ist neur, ach, mit ungemach feur in dem tach» bzw. «dorumb ist, ach, feuer in dem tach», wenn ihm die Angebetete fehlt. Der Luthergegner Thomas Murner sagt in seinem Sendschreiben «An den Groszmechtigsten und Durchlüchtigsten adel tütscher nation» von 1520 zur Frage, ob man ein Konzil zur Reform der katholischen Kirche einberufen soll:

«Ich besorg das feuer sei allenthalben in dem dach, und werd alles schlecht, ob schon ein concilium würd on der hirtenstecken (d. h. ohne Leitung des Papstes), und bleiben dannocht herren herren, und arm lüt arm lüt.»

Auffällig oft kommt die Redensart vom 16. bis ins 18. Jahrhundert in Erbauungsschriften und Predigten katholischer und reformierter Geistlicher vor. Der Lutheraner Adam Nachenmoser schreibt 1595 in seiner Gaistlichen Grossen Practica über das Los der wahren Christen:

«So müssen sich nuhr allzeit die frommen Christen leiden / dann wa sie hinkommen / mit Christo und dem Evangelio / da ist das fewr im tach / und brennt an allen hecken / wie David sagt.»

Der Barockprediger Abraham a Sancta Clara erklärt in seiner Schriftensammlung «Judas der Erzschelm» von 1686–1695 zum Feuer des Zorns und den Folgen seines Wütens:

«Aber so man es recht erwäget, wird man handgreiflich finden, dass durch das Feuer des Zorns weit grösseres Uebel sey verursachet worden, zumalen der Zorn nichts anderes ist, als eine Entzündung des Geblüts bei dem Herzen; dahero kommt das Sprichwort, so jemand ganz erzürnet: es sey schon Feuer im Dach. Dieses Feuer hat von Anbeginn der Welt bis auf diese gegenwärtige eiserne Zeiten so grossen Schaden verursachet, dass es auch ganze Flüss' der Zähren (Tränen) nit genugsam können beweinen.»

Der Luzerner Jesuit Laurenz Forer klagt in seinem Leben Jesu Christi von 1652, wie schwer es ein Prediger hat, der sich der Wahrheit verpflichtet fühlt:

«Kompt ein Prediger auff die Cantzel / unnd sagt die Warheit: so ist Fewr im Tach. Trifft er die Oberkeit: so will man ihn todt / unnd auss der Statt haben: trifft er die Burger: so ist dess ubel nachredens kein End: trifft er die alte Weiber: so muss er in allen Gassen unnd Winckeln herdurch gelassen werden.»

Und wo der Zorn im Verhältnis zwischen Mann und Frau aufkommt, erläutert der Strassburger Priester Johannes Capistranus Brinzing in seiner Predigtsammlung «Apokalyptischer Leichter (Leuchter)» von 1677:

«Dann so der Mann nid thut / was dem Weib gefällig so ist schon Fewr im Tach / so ist die Freundschafft schon auffgesagt / so gewint alle Lieb und Treu ein Loch.»

Sogar in den Titel einer Streitschrift aus dem Jahr 1700 hat es die Redensart geschafft. Sie heisst «Wegen dem Feyertag, ist Feuer im Dach. Hiziger Wortstreitt zwischen den Bauren, und ihrem Herrn Pfarrer, wegen der geminderten Zahl der Feyertägen».

Ein früher Beleg für die Form *Feuer unter dem Dach* steht in der Erbauungsschrift «Die Schule des Kreuzes und der Liebe» von 1841 des Augsburger Jesuiten Jeremias Drexel. Er schildert den ungeduldigen Menschen mit den Worten:

«Ist etwa der Dienstbote zu langsam, ist der Tisch nicht zur rechten Zeit gedeckt, oder eine Falte im Kleide zerknittert, dann ist sogleich Feuer unter dem Dach.»

Der österreichische Schriftsteller, Redakteur und Beamte Friedrich Steinebach braucht schliesslich *Feuer am Dach* in einer Szene der historischen Novelle «Die Stunde der Vergeltung» (1860), in der ein Wirt vom Fenster aus eine Auseinandersetzung beobachtet und sagt: «Oho, da ist wieder Feuer am Dach!»

Im Schweizer Hochdeutschen ist der Helvetismus *Feuer im Dach* heute noch sehr geläufig. Einen Artikel über das Netzwerk «Hofkonflikt» überschreibt Der Bund am 22. August 2012 grammatisch nicht ganz richtig mit «Wenn auf dem Hof das Feuer im Dach ist, wird es existenzbedrohlich». In den Mundarten ist die Redensart allgemein bekannt, man findet sie z. B. im Berndeutschen Wörterbuch *jitz isch ds Füür im Dach,* im Obwaldner Mundart-Wörterbuch *äs isch Fyyr im Tach,* im Simmentaler Wortschatz *bi dem ischt ds Füür bald im Tach* «er ist jähzornig» und im Innerrhoder Dialekt *Füür em Tach.*

Uf ds Gäder gaa

Uf ds Gäder gaa oder *uf ds Gäder gää* meint «auf die Nerven gehen, ärgern, ungeduldig machen», z. B. *dä geit mer uf ds Gäder mit sim eewige lamaaschige Tue.*

Was die berndeutsche Redensart *uf ds Gäder gaa* mit «auf die Nerven gehen» zu tun hat, scheint rätselhaft, denn unter *Gäder* verstehen wir heute «das Sehnige am Fleisch», das man nicht essen kann. Ein hagerer, kräftiger Mensch, der nur aus Sehnen zu bestehen scheint, ist *gäderig, e Gäderhächel* oder, wie man im Walliserdeutschen auch sagen kann, *nummä äs Gäädär*. Im Schwäbischen bezeichnet *Gääder* das Handgelenk, weil man dort die Adern und die Sehnen gut sieht. Deshalb ist der Pulswärmer ein *Gääderhendschle* oder *Gääderstrupfer*. Sehnen können nach unserem Verständnis nicht mit Emotionen in Zusammenhang gebracht werden.

Das Wort *Gäder* ist jedoch die Mundartform von hochdeutsch *Geäder,* einer Kollektivbildung zu *Ader.* Unter *Geäder,* spezieller *rotem Geäder,* wurden einerseits die Blutbahnen verstanden, in denen das Blut durchaus in Wallung geraten kann. Der Schriftsteller Jean Paul Richter (1763–1825) erzählt von armen Kindern, die eingesperrt am Webstuhl sitzen, d. h. «mit ihrem feurigen Geäder und zuckenden Nervengewebe aufs Spinnrad geflochten werden». Vom Blutgeäder unterschied man das sogenannte *weisse Geäder*, zu dem neben den Sehnen auch die Nervenbahnen zählten. Der Naturwissenschafter Salomon Hottinger schreibt 1702 von dem «in dem Weissen Geäder residierenden Affect». Und ein deutscher Arzt und Kräuterbuchautor schreibt 1731 einem Kraut grosse Kraft zu, «das Gehirn zu reinigen und das Geäder».

Gäder bezeichnete also ursprünglich sowohl die Sehnen als auch die Blut- und Nervenbahnen. Deshalb kann, was uns stört oder ärgert, uns sehr wohl *uf ds Gäder gaa*. So z. B. die drei Kandidaten für den Nationalrat, von denen der Berner Satiriker Heinz Däpp erzählt: *«Dr eint isch e Traliwatsch, dr anger e Chnuppesaager, dr dritt e pägguhäärige Praschaueri. Si göh eim uf ds Gäder.»* Ernst Balzli erzählt in Nach Jahr und Tag von 1958: *«Nahdinah sy di ewige [...] Mahnigen em Hanspeter uf ds Ggäder gange.»* Und Rosa Pfister schreibt in Der Chindlifrässer von 1969: *«Das het dr Rosa ersch rächt uf ds Gäder ggä.»* Ausser im Berndeutschen Wörterbuch ist die Redensart noch im Brienzerdeutschen Wörterbuch *uf ds Ggäder gahn* und in Adelbodetütsch *dù gììscht mer ùf ds Ggäder* aufgeführt.

Dieselbe Bedeutung wie *uf ds Gäder gaa* haben neueres *uf d Näärve gaa*, moderner *näärve (si näärvt mi), uf e Geischt gaa, uf e Keeks gaa* und *uf e Wecker gaa*. Hinter *auf den Wecker fallen* vermutet Heinz Küpper in seinem Wörterbuch der deutschen Alltagssprache entweder die Weckeruhr oder das Herz, das, behauptet er, salopp auch mit *Wecker* bezeichnet werden könne.

I ds Graas biisse

I ds Graas biisse meint «im Kampf fallen, sterben, umkommen», z. B. *dr Markus het sech lang gweert gäge sis Liide, aber zletscht het er doch du müessen i ds Graas biisse*.

I ds Graas biisse, hochdeutsch *ins Gras beissen,* gilt heute als saloppe Redensart mit der allgemeinen Bedeutung «sterben». Als Ausdruck der Sprache des Kriegshandwerks kam die Redewendung *ins Gras beissen* im 16. Jahrhundert auf mit der Bedeutung «im Kampf fallen» und erfreute sich bis ins 18. Jahrhundert einer grossen Beliebtheit sowohl im weltlichen als auch im religiösen Schrifttum. Der früheste mir bekannte Beleg stammt aus dem Jahr 1589, und zwar aus der deutschen Übersetzung «Berümter Fürtrefflicher Leut Leben» des Buches «Vitae virorum illustrium» vom italienischen Historiker, Bischof und Arzt Paolo Giovio (1483–1552). In einer der Geschichten sagt ein Truppenführer zu seinen Leuten: «Entweder alhier […] muss man dapfer in das grass beissen / oder gentzlich mit Sieg zu den pförtlein hineyn reissen.» Auch beim Barockprediger Abraham a Sancta Clara finden wir den Ausdruck; er erzählt in seinem Buch «Reim dich oder ich lies dich» von 1684, der Held Gedeon habe «eine blutige Schlacht wider vier König geführt, in der hundert und zwanzig tausend Mann in das Gras gebissen». Und über Goliath schreibt er in Judas der Erzschelm, einer Sammlung von Schriften aus den Jahren 1686–1695:

«Der grosse aufgeblasene Lümmel Goliath ist mit Lanzen und Harnisch über und über bedeckt gewesen, derentwegen hat er den kleinen David gespöttelt, und ihn vor einen Hunds-Buben gehalten; aber David klein von Person, gross von Kuraschi, zielt, wirft, trifft den eisenen Maulaffen also an die Stirn, dass er gleich niedergesunken und in das Gras gebissen, der lang genug ein Unkraut gewesen.»

Vergleicht man deutsches *ins Gras beissen* mit den entsprechenden Redewendungen in den romanischen Sprachen, fällt auf, dass dort in die Erde oder in den Staub gebissen wird, z. B. italienisch *mordere la terra,* spanisch *morder la tierra* oder *morder el polvo,* französisch *mordre la poussière* und wohl von da als Lehnübersetzung im Englischen *to bite the dust*. Diese Redensart geht auf die antike Phrase *adverso terram cecidit ore* «er sank mit dem Mund zur Erde» zurück, die den Tod auf dem Schlachtfeld beschreibt. In seiner Iliasübersetzung macht Eucharius Ferdinand Christian Oertel (1765–1850) den Unterschied zwischen antikem und deutschem Ausdruck deutlich, wenn er schreibt: «Da gar viele Achaier unter Hektors Fäusten in den unendlichen Erdboden (in das Gras!) gebissen haben.» Weshalb im deutschen Ausdruck *Erde* bzw. *Staub* durch *Gras* ersetzt worden ist, lässt sich bis heute nicht erklären. Für den Ausdruck *in die Erde beissen* gibt es nur einen Beleg in Hanns Friedrich von Flemings Vollkommenem teutschen Jäger von 1749. Dort heisst es vom Löwen: «Vor seinem Ende soll er in die Erde beissen und Thränen fallen lassen.» Der Löwe, der König der Tiere, stirbt also wie ein antiker Held.

Der Übergang vom Ausdruck *ins Gras beissen* mit der Bedeutung «auf dem Schlachtfeld fallen» in der Sprache des Kriegshandwerks zur Redensart *ins Gras beissen* mit der Bedeutung «sterben» vollzieht sich bereits im 17. Jahrhundert. Martin Opitz (1597–1639) dichtet:

«Ach Wandrer! Lass mit uns gerechte Thränen fliessen!
Hier hat ein junges Blut schon in das Gras gebissen.»

Friedrich Erdmann Petri, der 1817 über die Geschichte der Dichtkunst schreibt, zählt *ins Gras gebissen* aus seiner Warte zu den «pöbelhaften Ausdrücken», die Opitz verwendet. Auch in der Erzählung «Ein Doctor Medicinae aus einem Schmid» in den Erbaulichen Köstlichkeiten von 1700 wird die Redensart mit ihrer allgemeinen Bedeutung «sterben» gebraucht, wenn vom Schmied, der zum Doktor geworden ist, gesagt wird:

«Er müste zwar gestehen / dass ihrer viele von denjenigen Mitteln / so er ihnen vorschriebe / in das Gras bissen / allein es würden doch auch ihrer etliche wieder gesund.»

Heute ist das vom Fachausdruck der Sprache des Kriegshandwerks zur saloppen Redewendung gewordene *ins Gras beissen* noch im ganzen deutschsprachigen Raum geläufig, allerdings eher im mündlichen und im informellen schriftlichen Gebrauch. In den Mundarten ist es allgemein gebräuchlich. Wir finden es z. B. im Zürichdeutschen Wörterbuch *i s Graas bììsse,* im Wörterbuch der elsässischen Mundarten *in s Gras bisse* und im Pfälzischen Wörterbuch *er hot zu frih ins Gras beisse misse.*

Ds Gurli fiegge

Ds Gurli fiegge meint «(deutlich) die Meinung sagen, zurechtweisen», z. B. *däm han i ds Gurli gfiegget, won er mi het wöllen aazünte*.

Redensarten, die den Vorgang des Zurechtweisens bezeichnen, gibt es zuhauf; *ds Gurli fiegge* ist heute eine der undurchsichtigsten, weil die Voraussetzungen, sie zu verstehen, nicht mehr gegeben sind. Ihre Erklärung findet sie über ein Verfahren, das zur Behandlung von Stoffen angewendet wurde.

Wollen wir nicht nass werden, ziehen wir heute wasserdichte Kleider an, seien sie aus Kunststoff, aus gummierten Stoffen oder ganz aus Gummi. Erst seit 1825 konnte man dank Kautschuk Stoffe imprägnieren. Zuvor schützte man sich meist mit gefilzten Stoffen, Filzpelerinen oder Lodenmänteln, durch die das Wasser nur langsam drang. Je nässer sie waren, desto schwerer wurden sie, und es dauerte eine Weile, bis sie wieder trocken waren.

Frauen, die in der Küche oder beim Waschen der Wäsche mit viel Wasser hantieren mussten, konnten sich nicht mit sperrigen Filzstoffen schützen. Sie machten ihre Leinenschürzen mit Wachs wasserdicht. Dieses Verfahren nannte man *galandriere* oder *glanderiere*. Das Wort *galandriere* ist entlehnt aus französisch *calandrer* «Papier oder Stoff laminieren, d. h. mit einer Schicht überziehen», das von *calandre* «Drehzylinder, Mangel» abgeleitet ist und auf niederländisch *kalandern* «glätten» zurückgehen soll. Leinenstoffe galandrierte man nicht nur, um sie wasserdicht zu machen, sondern Brustteile von Trachtenblusen auch, damit sie schön glänzig wurden.

Wollte man Leinenstoffe *galandriere,* brauchte man ein

Gurli. Das ist in diesem Fall nicht ein schwaches, mageres Pferdchen, ein Klepper, sondern ein Holzgestell. Holzgestelle benennt man oft mit Tierbezeichnungen, denken wir nur an den *Bock* zum Sägen von Holz, an den *Esel* des Küfers und an die *Geiss* oder *Gibe,* auf der wir Schlitten fahren.

Das *Gurli* zum *Galandriere* ist ein Holzgestell mit einem Arm, den man an zwei seitlich vorstehenden Handgriffen hin- und herbewegt. Hin- und Herbewegen heisst auf Berndeutsch *fiegge*. Wir kennen es vom Mühlespiel, bei dem *Fi(e)ggi u Müli* hat, wer nur einen Stein hin- und herbewegen muss, um bei jedem Spielzug eine Mühle zu schliessen. Wer mit dem Hintern auf einem Stuhl *desumefiegget,* weil er nicht still sitzen kann, ist ein *Fieggifüdle* und hat mit der Zeit ganz *abgfieggeti Hose*.

Am unteren Ende des Arms, den man *fiegget,* ist eine breite Glasrolle befestigt, die man in einer Rinne aus Holz hin- und herbewegt. Die Leinenschürze, die man *galandriere* will, streicht man mit Wachs ein, dann *fiegget* man dieses Wachs Streifen für Streifen auf dem *Gurli* zwischen Glasrolle und Holzrinne ein. Diese Arbeit braucht viel Kraft und Ausdauer. Und just diese Vorstellung des kräftigen Einarbeitens, des Durchwalkens führte zur Redensart *däm will i de ds Gurli fiegge* mit der Bedeutung «zurechtweisen, die Meinung sagen», weil man dabei denjenigen, den man zurechtweist, verbal in die Mangel nimmt. Die Redensart finden wir nicht nur im Berndeutschen Wörterbuch *däm will i ds Gurli fiegge,* sondern auch im Bödellitüütsch Wörterbuch *däm wil i de ds Gurrli fiegge* und im Brienzerdeutschen Wörterbuch *dämm wil i de ds Gurli fieggen*.

Auf dieselbe Vorstellung des tüchtigen Einreibens geht die Redensart *däm will i de ds Möösch putze* zurück, welche auch das Zurechtweisen bezeichnet. *Möösch* ist eine alte Bezeichnung für Messing, das man im Mittelhochdeutschen des Mittelalters *messe* oder *mess* nannte. Um von *mess* zu

Möösch zu gelangen, muss man den Vokal runden, wie bei *Schwester* zu *Schwöschter*, und das Schluss-s palatalisieren, d. h. zu einem *sch* machen, wie bei *Mies* zu *Miesch*. Wer schon einmal Messingbeschläge oder Messinggefässe reinigen musste, weiss, dass man mit Reinigungsmittel kräftig reiben muss, bis es glänzt.

Handfester geht es zu, wenn einer einem andern *d Frässe poliert* oder *ds Ziferblatt poliert,* d. h. «ins Gesicht schlägt». Aber auch hinter dieser Redensart steckt die Vorstellung des kräftigen Ein- oder Abreibens, die auch im hochdeutschen Wort *Abreibung* für «Zurechtweisung, Schelte» enthalten ist.

D Haar stö z Bäärg

D Haar stö z Bäärg meint «im höchsten Mass erschrocken, entsetzt», z. B. *won i ha gsee, wi das Outo uf dä Zuug zue raaset, si mer d Haar z Bäärg gstange* bzw. *dä cha flueche, das eim d Haar z Bäärg stöö.*

Der Ausdruck *zu Berg(e)* für «aufwärts, empor, hinauf, in die Höhe» ist seit dem Mittelalter weit verbreitet. Ein Schiff *fährt zu Berg* «stromaufwärts», ein Kämpfer *hebt seinen Schild zu Berg* «hebt seinen Schild hoch», ein Tier hat seinen Schwanz *ein wenig zu Berg gezogen* «ein wenig hochgezogen». Das Gegenteil wird bezeichnet mit dem Ausdruck *zu Tal* «hinab, hinunter, nach unten»: Wasser *fliesst zu Tal*, einer Frau *hängen die Zöpfe zu Tal*, Knaben *springen zu Tal* in einen Graben, ein Schwindel zieht jemanden *zu Tal* «zu Boden».

Die weiteste Verbreitung fand der Ausdruck *zu Berg(e)* in der Redensart *die Haare stehen zu Berge*. Die Vorstellung hinter der Redensart ist also nicht, dass die aufgerichteten Haare einen Berg bilden, sondern einfach, dass sich die Haare sträuben. Von Haaren, die sich vor Schreck aufrichten, berichten bereits die Autoren der Antike, z. B. Vergil in der Aeneis «obstipui steteruntque comae – ich erstarrte und die Haare standen zu Berge» und Ovid in den Heroiden «gelidusque comas erexerat horror – kalte Furcht trieb mir die Haare zu Berge».

Frühe Belege für die Redensart finden sich im 13. Jahrhundert bei Albrecht von Halberstadt, der Texte von Ovid bearbeitete, mit «daz die har zu berge gan» und «min har sich zu berge want». Weit verbreitet wurde sie zur Zeit der Reformation von Martin Luther und anderen Bibelübersetzern. Luther übersetzt im Alten Testament von 1524 Hiob

4,15 «inhorruerunt pili carnis meae» mit «stunden myr die har zu berge an meynem leybe» und in der Bibel von 1545 Sirach 27,15 «loquela multum iurans horripilationem capiti statuet» mit «wo man viel schweren höret / da gehen einem die Har zu berge». Heute meidet die neue Zürcher Bibel von 2007 diesen starken, bildhaften Ausdruck und schreibt Hiob 4,15 «die Haare meines Leibes sträuben sich».

Von da an ist die Redensart in vielen schriftlichen Zeugnissen greifbar, so z. B. in der Erzählung «Von guten und bösen Nachbarn» von 1556 des in Colmar geborenen Schriftstellers Jörg Wickram. Darin sagt Reichhart seinem Nachbarn Lasarus, er wolle nach Spanien: »Als diss Lasarus von im vernam / giengen im alle seine har zuo berg.» Der norddeutsche Theologe, Pädagoge und Schriftsteller Heinrich Knaust behauptet in seinem Gerichtlichen Feuerzeug von 1568: «Wenn ein Eydt sollte geschworen werden / da stunden einem die hare zu berge.» Und der deutsche Dichter Barthold Heinrich Brockes (1680–1747) schreibt im Gedicht «Die auf ein starckes Ungewitter erfolgte Stille», ein aufgewühltes Gewässer im Blick:

«Von jeder Welle scheint ein feuchter Tod,
Der unvermeidlich ist, uns grässlich anzublecken,
Und seinen schwartzen Arm schon nach uns auszustrecken.
Dem, der diess hör't, vergeht Empfinden, Hören, Sehn;
Man fühlet, gantz erstarrt, das Haar zu Berge stehn.
Nichts kann, wie so gar nichts der Mensch, uns überführen, (nichts kann uns zeigen, wie nichtig der Mensch ist)
Als wenn wir die Gewalt der Elemente spüren.»

Noch heute ist die Redensart geläufig, sowohl in den Mundarten als auch in der Schriftsprache. In einem Internet-Chat lese ich folgende Freundlichkeit über den Dialekt des Aargauer Rüeblilandes: «Hesch rächt, dä dialäkt usem rüebliland laht eim d'haar z'bärg stah da isch üses bärndütsch tuusigmau schöner.» Und die Frankfurter Rundschau fragt am 27. Juli 2012 im Titel eines Artikels «Können Menschen tatsächlich die Haare zu Berge stehen?» Im Artikel gibt der Psychologe Christian Kaernbach von der Universität Kiel Auskunft über das Aufrichten der Haare beim Menschen:

«Beim Menschen mit seinen paar Haaren habe man […] lange gedacht, es sei lediglich ein Relikt aus grauer Vorzeit, als er ebenfalls noch ein dichtes Fell hatte, erzählt Kaernbach. Er selbst glaubt das nicht: ‹Ich denke, dass die aufgerichteten Haare durchaus in der Lage sind, das Mikroklima auf der Haut zu verändern›, sagt der Experte.»

Auch in Mundartwörterbüchern ist die Redensart belegt, so z. B. im Zürichdeutschen Wörterbuch *da stönd äim d Haar z Bèrg,* im Obwaldner Mundart-Wörterbuch *d Haar staand äim z Báärg,* im Pfälzischen Wörterbuch *do stehn ääm die Hoor geje Berg* und im Rheinischen Wörterbuch *de Hoor stohn mer ze Berg.*

Haar uf de Zäng haa

Haar uf de Zäng haa meint «Achtung oder Furcht einflössen, standhaft und beherzt sein» und wird gern in Bezug auf Frauen gebraucht, z. B. *di weiss sech scho z hällfe, di het Haar uf de Zäng.*

Die Redensart *Haar uf de Zäng haa, Haar a de Zääne haa, Haare auf den Zähnen haben* ist im ganzen deutschsprachigen Raum bekannt. Eine ältere, heute nicht mehr gebräuchliche Form lautete *Haare auf der Zunge haben.* Der älteste Schweizer Beleg stammt aus dem 16. Jahrhundert. In einem Drama des Berner Grossrats und Gerichtsschreibers Hans von Rüte (um 1500–1558) verhöhnt Abner den zum Zweikampf bereiten David und sagt, er «ist noch nit us der schalen g'schloffa; die windlen klebt jm noch im ars, hat an den zänen nit g'nueg hars». Im Buch «Sprüchwörter Gemeiner Tütscher Nation» des Theologen Sebastian Franck (1499–1542) ist «trüwe fründ habend har uff der zungen» aufgeführt; ein anderes Zitat, das auch Franck zugeschrieben wird, lautet: «Es ist kein pfaff frumb (tapfer, tüchtig), er hab dann haar uf der zungen.» Und schliesslich schreibt der Gutsbesitzer Joachim von Wedel (1552–1609) in seinem Hausbuch in einem Abschnitt über den Bauernkrieg: «Ein frommer baur hat haar auf der zungen / Es sein die alten oder jungen.» Noch im Stück «Die Räuber» braucht Friedrich Schiller (1759–1805) diese ältere Form, wenn er Franz zum Bastard Hermann sagen lässt: «Ich kenne dich, du bist ein entschlossener Kerl – Soldatenherz – Haar auf der Zunge! – Mein Vater hat dich sehr beleidigt, Hermann!» «Haar auf der Zunge» ist hier, wie «Soldatenherz», als Bezeichnung, als anerkennende Titulierung gemeint.

Die Redensart *Haare auf den Zähnen haben, Haare auf*

der Zunge haben ist also seit dem 16. Jahrhundert schriftlich belegt und bis heute geläufig. Am 16. Mai 2011 schreibt der Tages-Anzeiger in einem Artikel: «In ‹Vicky Cristina Barcelona› hatte Penélope Cruz mehr Haare auf den Zähnen als hier, unter dem Banner des Totenkopfs.» Auch die Niederländer sagen *haar op de tanden hebben* «Haare auf den Zähnen haben» und der Engländer *has hair on his teeth*.

Wer Haare auf den Zähnen oder auf der Zunge hat, weiss sich mit Kraft und Worten zu behaupten. Haare gelten seit der Antike als Träger von Lebenskraft oder geradezu als Sitz des Lebens. Samson verlor durch das Abschneiden seiner Locken die Heldenkraft, und auch in vielen Märchen führt der Verlust der drei goldenen Haare zur Ohnmacht des Teufels. Im alten deutschen Recht galt Haarwuchs ebenfalls als Zeichen der Kraft. Als Mann anerkannt wurde derjenige, der dreihaarig war mit Haaren am Bart, unter den Armen und an der Scham. Im Sachsenrecht heisst es von einem Mann: «Hat er Haar im Bart und unten und unter jedem Arm, so soll man wissen, dass er erwachsen geworden ist.»

Haar uf de Zäng und das weniger anständige *Haar im Arsch* gehen wohl von der alten Vorstellung der Haarkraft aus. Diese Vorstellung wird ebenfalls in den Redensarten *ugschore laa* und *ugschore dervochoo* «unbehelligt bleiben» sowie in der Redensart *Haar laa* «Einbussen erleiden» angesprochen. Auch die französische Bezeichnung *poilu* «behaart», die von Balzac die übertragene Bedeutung «stark, mutig» bekam und die im Ersten Weltkrieg als Substantiv für den tapferen französischen Frontsoldaten gebraucht wurde, *le poilu,* geht darauf zurück. Vielleicht sprechen wir sogar von einer *haarige Sach* «unangenehme und schwierige Angelegenheit», weil uns die Haarkraft entgegensteht.

Dr Haber sticht ne

Dr Haber sticht ne bzw. *se* meint «er bzw. sie ist übermütig, mutwillig, wild auf etwas», z. B. *we se dr Haber sticht, cha si albe nümm höre d Buebe helke*.

Dr Haber sticht ne heisst auf Hochdeutsch *jemanden sticht der Hafer*. Die Wortform *Hafer* ist erst in neuhochdeutscher Zeit aus dem Niederdeutschen eingedrungen. Vorher sagte und schrieb man im ganzen oberdeutschen Gebiet *Haber*. In unseren Mundarten geht die alte Form *Haber* auch langsam verloren.

Die Redensart *jemanden sticht der Hafer* war einmal so bekannt und beliebt, dass sie zu den Familiennamen *Haberstich* und *Haferstich* geführt hat. Ursprünglich sagte man von Pferden, dass sie der Hafer steche, und übertrug diese Redensart dann auf den Menschen. Friedrich Wilhelm Bergmann erklärt in seinen Strassburger Volksgesprächen von 1871 zu *d'r hawre schdicht*:

«Der haber, den man den pferden gibt, macht sie kräftig und aufgeweckt, oder, wie man sagt, sticht sie im magen, regt sie auf. Daher die redensart: der haber sticht einen, um zu sagen, dass er aufgeregt, lustig, übermüthig wird.»

Der erste mir bekannte schriftliche Beleg findet sich beim Dichter Martin Opitz (1597–1639) in seinen Trostgedichten in Widerwärtigkeit dess Kriegs. Er schreibt dort:

«Ein Pferd, das immerzu bey vollem Futter stehet,
Das nie geritten wird, nie an dem Wagen gehet,
Wird wilde, beisst und schlägt, trägt keinen Reuter nicht.
So reisst der Mensch auch auss, wann ihn der Haber sticht.»

Wie bei Martin Opitz ist auch bei Christoph Fischer im Kapitel «Unterricht von dem Habern» in seinem Buch

«Fleissiges Herren-Auge» von 1690 noch vom Pferd und vom Menschen die Rede, wenn er in einer witzigen Anekdote die Redensart braucht:

«Es hat sich einsmals begeben / dass ein gewisser Böhmischer Herr auff der Reise bey seinem Wirthshause vorbeykam / in welchem seine Unterthanen und Bauren in Haber-Bier wohl bezecht gesessen: sobald sie den Herrn erblickt / fiengen sie an wie die Pferde zu wyeren und zu schreyen; als der Herr fragte / warum sie also schryen / und was dieses Pferde-Wyeren bedeute? gaben sie zur Antwort: wann die Pferde sich voll Haber gefressen / so seyn sie lustig / und wyeren oder schreyen; also / nachdem wir uns mit Haber-Bier wohl angefüllt / sticht uns der Haber / und macht uns also schreyend / woraus endlich ein Gelächter worden.»

Die Untertanen und Bauern des böhmischen Herrn mussten Haferbier trinken, weil die Gerste damals so rar war, dass man beim Bierbrauen auf Hafer ausweichen musste. Doch bereits Hans Jakob Christoffel von Grimmelshausen (um 1622–1676) braucht in seiner Erzählung «Der stoltze Melcher» die Redensart, ohne die Pferde zu erwähnen, wenn er schreibt:

«Wann dich ins künfftig […] der Haber wider sticht / du möchtest das gemeine Sprichwort wahr machen / da man sagt / Da der Kranck wider genass / je ärger er was (war).»

In der geistlichen Ermahnungsliteratur des 18. Jahrhunderts sticht der Hafer meistens die Frauen, d. h. der Geistliche mahnt mit der Redensart vor verfrühtem oder sich nicht ziemendem sexuellem Verlangen von Frauen; so z. B. der Bündner Geistliche Christian Arpagaus in seinen unter dem Titel «Geistliche Hirten-Tasch» versammelten sonntäglichen Ermahnungen an das Landvolk von 1701. Über eine Mutter mit Töchtern, die das heiratsfähige Alter noch nicht erreicht haben, schreibt er: «Ich sih Mutter und Kinder eins

/ und fröhlich mit einander. Warumb tantzen dann die Teuffel auf dem Tach? es wird sie ja nit der Haber stechen?» In den Acta ecclesiastica von 1751, einer Sammlung von Beispielen aus dem Predigtamt, heisst es ganz unverblümt vom Jeck «Narr», der die Frauen packt:

«Der Jeck und des Jeckes Haber sticht zu sehr, nicht allein junge, sondern auch ziemlich abgelebte Wittwen, wie man täglich Exempel genug hat, denn können sie nicht allein seyn oder, soll ich sagen, schlafen!»

Auch der Schriftsteller Christoph Martin Wieland (1733–1813) spricht mit der Redensart im kurzen Gedicht «Des Maulthiers Zaum» das sexuelle Verlangen an:

«Madam such' einen andern Freyer;
Mich sticht
Der Haber nicht!»

Dass der Hafer sticht, sollte uns nicht wundern, denn ein inneres Verlangen kann eben stechen, wenn wir z. B. sagen *dr Gwunder sticht ne* oder *ds Giuegi sticht ne*, was dasselbe meint wie *dr Haber sticht ne*. Hafer war in der frühen Neuzeit für die Tiere eine wichtige Nahrung, aber auch für den Menschen, der Haferbrei, Hafergrütze und Hafersuppe ass. Wir können ja noch heute *habere* sagen für «essen». Weil der Hafer so wichtig war, gab es viele Hafer-Redensarten wie *händ er de Haber verchauft* «habt ihr nichts zu tun», *Haber überchoo* «einen Schaden davontragen», *eim dr Haber abemache* «einen tüchtig ausschelten», *Haber i de Chnöi haa* «fest stehen» und *dr Haber gwunne* «das Ziel erreicht».

Heute ist die Redensart *jemanden sticht der Hafer* noch geläufig. Die Zeitschrift «Focus» schrieb am 1. August 2012 einen Artikel über den Agrarkonzern Baywa unter dem Titel «Baywa sticht der Hafer» und die kurzberockte und offenherzige Tirolerin Antonia ist mit ihrem Lied «Wenn der Hafer sticht» auf YouTube zu sehen.

Öpperem ds Häärz usschütte

Öpperem ds Häärz usschütte meint «sich jemandem anvertrauen, jemandem seine Nöte und Sorgen schildern»; z. B. *i bi froo, han i dr Mone chönne ds Häärz usschütte, wo si mi i dr Bude hei useghet ghaa.*

Öpperem ds Häärz usschütte, hochdeutsch *jemandem sein Herz ausschütten,* ist eine der vielen Redensarten, die aus der Bibel stammen. In 1 Samuel 1.15 übersetzt Luther in der Heiligen Schrift von 1545, was Anna Eli antwortet, nachdem er sie stumm betend gesehen und gemeint hat, sie sei betrunken:

«Nein / mein Herr / Jch bin ein betrübt Weib / wein und starck getrenk hab ich nicht getruncken / Sondern hab mein hertz fur dem HERRN ausgeschut.»

Luther übersetzt also den lateinischen Ausdruck *effudi animam meam* der Vulgata mit «hab mein hertz ausgeschut». In dieser Form und mit Gott als Adressaten, dem man sein Herz ausschütten kann, ist die Redensart in der geistlichen Literatur und im geistlichen Lied weit verbreitet. Der religiöse Schwärmer Johann Friedrich Rock braucht sie in seinem Wohl und Weh von 1719, wo er schreibt, der Herr fordere vom Hausvater: «Er soll sich alss ein Priester vor mir niederlegen / und sein Hertz ausschütten: Die anderen sollen zuhören.» Der lutherische Theologe August Hermann Francke predigt in seinen Sonn- und Feier-Tags-Predigten von 1728: «Gehe hin, wie Christus saget, in dein Kämmerlein, d. i. an einen Ort, da du im verborgenen dein Hertz ausschütten könnest.» Und in Gotthard Schusters Das Andächtig-Singende Evangelische Zion von 1736 lautet der Anfang eines Lieds:

«Ich schrey zu meinem lieben Gott,

und ruff mit lauter Stimme,
ich fleh' dem Herrn in meiner Noth,
zu ihm stehn all' mein' Sinne,
ich will so fleissig als ich kann,
vor ihm mein Hertz ausschütten.»

Aber bereits im 18. Jahrhundert wird die Redensart auch losgelöst vom religiösen Zusammenhang gebraucht, so z. B. von Ulrich Bräker (1735–1798), dem armen Mann aus dem Toggenburg, der zu seinem Tagebuch spricht und schreibt: «Liebes büchel – mein trauter freünd – deme ich immer mein gantz hertz ausschütten könnte – ich wil dir iez alles haarklein erzehlen.»

Die Redensart *jemandem sein Herz ausschütten* bekam bereits im 17. Jahrhundert Konkurrenz durch das empfindsamere und gehobenere *jemandem sein Herz ausgiessen*. Der Theologe Johann Quirsfeld lässt in einer Erbauungsschrift von 1682, in der die Seele Jesus mit «liebster Hertzens-Schatz und Bräutigam» anspricht, Jesus antworten, er wolle «meine Liebe in dein Hertz ausgiessen durch den Heiligen Geist / welcher dir gegeben ist». Wir hören deutlich den empfindsameren Ton, auch in einer Schrift aus dem Jahr 1792, in der es heisst: «Albert wollte im Hausflur noch sein dankbares Herz ausgiessen.»

Johann Christoph Adelung stellt in seinem Grammatisch-kritischen Wörterbuch von 1793 fest, «sein Herz vor einem ausgiessen» stehe «für das gewöhnlichere aber nicht so edle ausschütten». In der empfindsamen Literatur ist aus der Redensart *jemandem sein Herz ausgiessen* und dem Verb *ergiessen* das Wort *Herzensergiessung* gebildet worden, und zwar in den Herzensergiessungen eines kunstliebenden Klosterbruders (1796) von Wilhelm Heinrich Wackenroder und Ludwig Tieck.

Heute ist das geziert wirkende *jemandem sein Herz ausgiessen* ganz verschwunden. *Jemandem sein Herz aus-*

schütten, öpperem ds Häärz usschütte hat sich behauptet und ist im ganzen deutschsprachigen Raum geläufig. In den Westfälischen Nachrichten steht am 21. März 2012 ein Artikel über eine angeklagte Herzchirurgin unter dem Titel «Hamburger Ärztin: ‹Frau Däbritz hat mir ihr Herz ausgeschüttet›». In einem Kommentar zu einem Blogeintrag von 2006 steht:

«Äs duet doch immer wieder guet weme weis, dasme öperem sis härz cha usschütte u eifach verzeue u mi weis das eim o zueglosst wird!»

Wie wahr!

S isch Hans was Heiri

S isch Hans was Heiri meint «das ist einerlei, gehupft wie gesprungen» bzw. «es kommt nicht darauf an», z. B. *mir chöi hienache dür e Wald oder änedüren em Bach naa, vo dr Lengi häär isch es Hans was Heiri.*

Hans ist die Kurzform des Vornamens *Johannes*, *Heiri* die Kurzform des Vornamens *Heinrich*. Beide Vornamen waren einst so häufig, dass z. B. unter einem Dach mehr als ein Hans wohnen konnte und man sie deshalb unterscheiden musste, indem man ein Adjektiv vorsetzte. Man unterschied *Althans* und *Junghans, Grosshans* und *Kleinhans*, auch im Französischen *grand* bzw. *gros Jean* und *petit Jean*. Alle sieben entwickelten sich zu den Familiennamen *Althans, Junghans, Grosshans, Kleinhans, Grand-* bzw. *Grosjean* und *Petitjean*. Mit den Bezeichnungen *Grosshans* und *Kleinhans* unterschied man dann im übertragenen Sinn zuerst die Grossen und die Kleinen im Kriegsvolk. «Die Übeltäter ohne Ansehen der Person (weder klyn noch gross hans) strafen», heisst es in einer eidgenössischen Quelle aus dem Jahr 1530. Daraus entwickelte sich für *Grosshans* die allgemeine Bedeutung «Angeber, Prahler». Statt *Grosshans* konnte man in der Mundart auch sagen *Hans oben im Doorf* oder *Hans im obere Gade*. In der Metropolregion Hamburg gibt es sogar die Gemeinde *Grosshansdorf,* niederdeutsch *Groothansdörp.*

Manchmal benutzte man zur Unterscheidung auch körperliche Merkmale, z. B. die Haarfarbe bei *Schwarzhans* und *Roothans* oder den Körperbau bei *Dickhans* und *Dünnhans*. Aus mehreren Orten ist aus der Pest- oder Lawinennot die Grabinschrift «Nün Hansen in einem Grab! Ist das nit ein grosse Klag?» überliefert.

Auch *Heinrich* mit den Abkürzungen *Heini, Heiri, Heier, Heirech* war so häufig, dass das Wörterbuch der schweizerdeutschen Sprache schreibt: «Wo in Lied und Spruch der Bauer auftritt, mag er *Heinrich* heissen»; das hat sich bis zum *Heiri* der Kleinen Niederdorfoper von 1951 bewahrheitet. Beide Namen, *Hans* und *Heiri,* stehen auch für den gutmütigen Tölpel vom Land. Den Zürcher Landmann nannte man spöttisch *Züri-Heiri,* den Kuhbauer *Chueheiri,* einen Mageren *Mager-* oder *Türrheiri,* den Tod *Beiheiri.* Man erzählte vom tölpelhaften *Hans im Glück,* vom Tagträumer *Hans guck in die Luft,* vom *Hansdampf* und vom *Hans in allen Gassen.* Das sei «ein unrüewiger mensch, der alle ding zerecht legt» bzw. «ein fürwitziger Mensch, der sich in alle Händel lasst», heisst es in Wörterbüchern aus dem 17. und 18. Jahrhundert. Das Wörterbuch der elsässischen Mundarten sagt zu *Hans*:

«Der allgemeinste Name: *e jeder Hans findt si Gretl*, und darum auch zum Träger schlechter, lächerlicher Eigenschaften gewählt. Bezeichnung eines gutmütigen, allzeit dienstfertigen Menschen, dem man zuruft: *Hans, henk dr Mon use.*»

Auch der Doppelname *Hansheiri* war in gewissen Gegenden, z. B. in der Nordwestdeutschschweiz und im Zürichbiet, so häufig, dass er den Mann aus dem Volk, den Bauern bezeichnen konnte. *En Oornig wie is Hanshäiris Gmäind* sagte man im Zürcher Oberland zu einer argen Unordnung. Und im Zürichbiet kannte man den Spruch *de Hanshäiri Früegnueg und de Hanshäiri Guetgnueg sind zwee Brüedere gsii* mit derselben Bedeutung wie *dr Hätti u dr Wetti si zwe Brüeder gsii.*

Auf die Popularität der Namen *Hans, Heiri* und *Hansheiri* stützt sich die Redensart *s isch Hans was Heiri.* Entweder bezieht sie sich auf den von beiden Namen bezeichneten gutmütigen Tölpel vom Land, der sowohl *Hans* als auch

Heiri genannt werden kann, oder sie bezieht sich auf den Doppelnamen *Hansheiri*, bei dem die beiden Namenteile dieselbe Person bezeichnen.

Die ältere Form der Redensart, die bereits im frühen 18. Jahrhundert belegt ist, lautete *es ist Heini wie Hans* bzw. *es ist Heini was Hans*. «Es ist mir Heini wie Hans» kommt in der Sprichwörtersammlung «Wahrheit und Dichtung» von 1824 des Schaffhauser Theologen Melchior Kirchhofer vor. Heute finden wir die Redensart z. B. im Berndeutschen Wörterbuch *da'sch Hans was Heiri,* im Baselbieter Wörterbuch *s isch Hans was Häiri,* im Zürichdeutschen Wörterbuch *s isch Hans was Häiri* und im Rheinwalder Mundartwörterbuch *äs ischt Hans was Heiri.* Der Tages-Anzeiger titelte am 3. Dezember 2008: «Blocher und Maurer: Fix und Foxi oder Hans was Heiri?»

Öpperem heizünte

Öpperem heizünte meint «jemanden zurechtweisen, jemandem eine Abfuhr erteilen, jemanden fortjagen», z. B. *däm het si a dr Sitzig eso heizüntet, das er ds Muu nümm het uftaa.*

Die Wörter *heimzünden* und *heimleuchten* stammen aus einer Zeit, in der es noch keine öffentlichen Beleuchtungen gab. Wer nach Einbruch der Dunkelheit nach Hause ging, musste eine Laterne tragen, nicht nur, damit er den Weg fand, sondern in den Städten auch, damit die Nachtwächter Passanten erkennen konnten. In den meisten Städten gab es Vorschriften wie das Zürcher Mandat vom 14. Juni 1605, das anordnet, «das am somer nach den nünen und winters zyt nach den achten niemandts ohne ein liecht uf der gassen söllte funden werden». War jemand ohne Licht unterwegs und verspätete sich, musste ihm ein Begleiter mit Laterne *heimleuchten, nach Hause leuchten* oder *heimzünden*. Der Arzt Felix Platter (1536–1614) erzählt im Bericht von seiner Reise nach Montpellier, wie ein Mann «seim Vatter heim zünden wolt mit der Laternen», und der Volkskundler Anton Birlinger (1834–1891) erzählt beim Schildern des Brauchs der Kunkelstube, in der die Frauen zum Arbeiten, Singen und Erzählen zusammenkamen:

«Abends um 4 Uhr geht man von der Kunkel nach Haus. Wer später, bei Dämmerung heimgeht, dem wird die Laterne zum Heimzünden angetragen.»

Bereits im 16. Jahrhundert wurden aber sowohl *heimleuchten* als auch *heimzünden* im übertragenen Sinn «mit Prügel oder Waffengewalt vertreiben» gebraucht. Der Elsässer Jurist und Schriftsteller Johann Fischart (um 1546–1590) schreibt in seinem Eulenspiegel:

«Drauf sprang er ausz dem fenster gleich,
dasz in der meister nicht vieleicht
im fenster noch so stecken findt
und im mit prügeln heim zu zindt.»

Und Johann Keilhacker erzählt in seinem Curieusen Hoffmeister von 1698:

«Zwar Anno 1663. erschreckte das Geschrey der Türckischen Victorie bey Neuhäusel gantz Teutschland auffs neue / allein wie selbige mit blutigen Köpffen bei St. Gotthard (das heutige ungarische Szentgotthárd) wieder heim geleuchtet wurden / verlohr sich plötzlich diese Furcht / und die Ruhe stellete sich wieder ein.»

Im selben Jahr 1698 erzählt der humoristische Schriftsteller Rupert Gansler in seinem Lugenschmid, wie sich Saufbrüder prügeln, und er beendet die Geschichte mit den Worten:

«Und nemmen also die Sauff-Brüder von einander ein so saubere gute Nacht / dass ihr Angesicht nicht anderst ausssihet / als hätte man ihnen mit Morgenstern heim gezündet.»

Bereits ab dem 16. Jahrhundert verwendet man *heimleuchten* und *heimzünden* jedoch mit der weniger martialischen Bedeutung «jemanden mit besseren Argumenten überzeugen, in einer Diskussion zum Schweigen bringen». Der Pfarrer Georg Müller ist 1580 überzeugt, dass einem «mit der unverlöschlichen Fackel des Göttlichen Worts heim geleuchtet» wird. Dabei ist zu bemerken, dass Geist und Licht sprachlich ein weites Feld bilden von *Erleuchtung* über das *Licht der Vernunft* und die *Aufklärung* bis zur Redensart *geit dr es Liecht uuf*. In seinem Buch «Versuch einer allgemeinen deutschen Synonymik» aus der Zeit um 1800 beschreibt der Philosoph Johann August Eberhard diesen Gebrauch von *heimleuchten* ganz genau:

«Den haben wir heim geleuchtet sagen wir von Einem, der ein unbescheidenes Ansinnen an uns machte, wenn wir ihn so nachdrücklich ab und zurecht gewiesen haben, dass er verstummen und sogleich von seinem Ansinnen abstehen musste. Auf ähnliche Art gebrauchen wir den Ausdruck auch, wenn wir Jemanden, der uns Einwürfe gegen unsere Behauptungen machte, so kräftig widerlegt haben, dass er gänzlich schweigen und seine Einwürfe aufgeben musste.»

Heute kennen wir *heimleuchten* und *heimzünden* vor allem noch in dieser übertragenen Bedeutung. «Den Amis wird heimgeleuchtet» betitelte Die Zeit am 18. Juli 1975 einen Artikel über den vergeblichen Versuch von General Electric, die Lampenfirma Osram zu übernehmen. In den Mundarten ist *öpperem heizünte* noch geläufig; wir finden die Redensart z. B. im Schaffhauser Mundartwörterbuch *ich will der denn scho haamzünde,* im Buch «Innerrhoder Dialekt» *heezönde* und im Zürichdeutschen Wörterbuch *dem han i aber häizündt*. In einigen Dialekten hat *öpperem zünte* dieselbe Bedeutung.

Es isch höchschti Isebaan

Es isch höchschti Isebaan meint «es eilt, es ist höchste Zeit».

Als Kind hörte ich oft *itz isch aber höchschti Isebaan für i ds Bett*. Die Redensart *es isch höchschti Isebaan* hat den Sprung aus dem Hochdeutschen in die Mundart geschafft. Das ist nicht selbstverständlich. Redensarten wie *die Flinte ins Korn werfen* und *mein lieber Freund und Kupferstecher* sind nur auf Hochdeutsch bekannt.

Kaum jemand weiss heute noch, dass *es ist höchste Eisenbahn* ein geflügeltes Wort ist. Es kommt aus Berlin. In die Welt gesetzt hat es Adolf Glassbrenner, der Begründer der humoristisch-satirischen Berliner Volksliteratur, der von 1810 bis 1876 lebte. Sein Biograf schrieb, er sei der Erfinder «der querköpfig-verschmitzten Type», der Protokollant «des biedermeierlichen Berlin, gar der Vater des Berliner Witzes».

Glassbrenner schrieb 1841 den Schwank «Ein Heiratsantrag in der Niederwallstrasse». In diesem Schwank hält der Postbote Bornike um die Hand von Karline an. Sie ist die Tochter des Stubenmalers Kleisch. Bornike geraten oft die Wörter durcheinander. So sagt er seinem zukünftigen Schwiegervater, nachdem ihn dieser über die Höhe der zu erwartenden Mitgift in Kenntnis gesetzt hat: «Diese Tochter ist janz hinreichend, ich heirate ihre Mitgift.» Da haben die Wörter «Tochter» und «Mitgift» die Plätze getauscht.

Unvermittelt drängt Bornike zum Aufbruch. Die Post aus Leipzig sei angekommen, erklärt er, und er müsse Briefe austragen gehen. Als er sich verabschiedet, spricht er jene Worte, die sprichwörtlich geworden sind: «Es ist die allerhöchste Eisenbahn, die Zeit ist schon vor drei Stunden anjekommen.» Obwohl nur die Wörter «Eisenbahn» und «Zeit» vertauscht werden, macht die «allerhöchste Eisenbahn» aus Adolf Glassbrenners Schwank bis heute, also seit über 170 Jahren, Sprachgeschichte.

Adolf Glassbrenner erlebte die Zeit vor der Revolution, in der jede Kritik unterdrückt wurde. Als Berliner blieb ihm der Witz als Ventil und er frotzelte, bis die preussische Obrigkeit im Jahr 1833, als er 23-jährig war, seine Zeitschrift «Berliner Don Quixote» verbot und ihm für fünf Jahre jede Pressetätigkeit untersagte.

Von jetzt an brauchte Glassbrenner unter dem Pseudonym «Brennglas» die Sprache als Waffe. «Die Satire ist ein Messer, ist's geschliffen – schneidet's besser», dichtete er. Auch «Dummheit und Stolz wachsen aus einem Holz» stammt aus seiner Feder. In Hunderten von Szenen, Skizzen und Gedichten nahm er die Missstände seiner Zeit unter die Lupe. Er wurde oft zensiert und viel kopiert. Seine vollmundigen Figuren aus dem Volk waren sehr beliebt, und Sprüche wie «gestern noch von Gottes Gnaden, heute schon voll grosser Maden» machten die Runde.

Nach der gescheiterten Revolution von 1848 war Glassbrenner sehr enttäuscht, dass die Kluft zwischen Bürgertum und Arbeiterschaft, zwischen Arm und Reich nicht brüderlich überwunden werden konnte. Dafür wäre es seines Erachtens *allerhöchste Eisenbahn* gewesen.

Die Redensart ist heute noch im ganzen deutschsprachigen Raum geläufig. Am 21. Oktober 2011 schreibt der Tages-Anzeiger einen Artikel unter dem Titel «Höchste Eisenbahn für den Velotunnel unter dem HB». Die Mundartform finden wir z. B. im Baseldeutsch-Wörterbuch von Suter *s isch hèggschti Yysebaan,* im Baselbieter Wörterbuch *höchschti Yysebaan* und im Pfälzischen Wörterbuch *'s is heechschte Eisebahn.*

Es isch gnue Höi dunger

Es isch gnue Höi dunger meint «es reicht, das Mass ist voll», z. B. *mir müesse scho wider mee zale für d Chrankekasse, itz isch de gnue Höi dunger*.

Die Redensart *es isch gnue Höi dunger* kommt aus der bäuerlichen Welt und bezieht sich auf einen Arbeitsvorgang beim Füttern des Viehs mit Heu. Im traditionellen Dreisässenhaus, in dem Wohnteil, Tenne und Stall nebeneinander unter einem Dach waren, aber auch in anderen Bauernhaustypen, lag das Heu zu einem Stock geschichtet auf einer oder zwei höher gelegenen Bühnen, den *Höibünine* oder den *Höiböde,* im Tennenteil. Dort konnte es durch Lüftungsschlitze in der Hauswand belüftet werden, ohne dass die eindringende Kälte in der kalten Jahreszeit jemanden störte. Weil jedes Bauernhaus seine eigene Heubühne hat, können zwei Bauern das Heu nicht auf der gleichen Bühne haben. Daraus entwickelte sich die immer noch häufig gehörte Redensart *ds Höi nid uf dr gliiche Büni haa* für «nicht gleicher Meinung sein» oder «sich schlecht vertragen».

Wollte der Bauer sein Vieh mit Heu füttern, musste er auf die Heubühne und dort die notwendige Menge *rüschte* «bereit machen». Meist schnitt er das Heu mit einem Heumesser, der *Schroote,* vom Stock. Darauf warf er es mit der Gabel über den Bühnenrand in den Tennengang hinunter, wenn das Vieh direkt von dort aus gefüttert wurde, oder er stiess es durch das *Höiloch* bzw. das *Fueterloch* im Boden der Heubühne in die Futtertenne oder den Futtergang hinunter. In Berghöfen musste das Heu oft vom Heustadel oder der Heubühne im *Höituech* bzw. im *Fuetertuech* in den Viehstall hinuntergetragen werden. War genug Heu in der Futtertenne oder im Stall, sagte man eben: *Es isch gnue*

Höi dunger oder *itz isch (aber) gnue Höi dunger*. Aus dieser speziellen Bedeutung entwickelte sich die allgemeine Bedeutung «es reicht, das Mass ist voll».

Obwohl der Weg des Heus zum Vieh in modernen Freilaufställen anders verläuft, wird die Redensart in der ganzen deutschsprachigen Schweiz und in einigen deutschen Mundarten noch häufig benutzt, wenn auch ihre praktische Anschaulichkeit zusehends verblasst. Belegt ist sie z. B. im Zürichdeutschen Wörterbuch *iez isch aber gnueg Höi dune*, im Baselbieter Wörterbuch *jetz isch gnueg Höi dùnde*, im Senslerdeutschen Wörterbuch *Höy gnueg aha sii*, im Obwaldner Mundart-Wörterbuch *etz isch gnuäg Häiw dunnä*, im Brienzerdeutschen Wörterbuch *etz ischt aber gnueg Heww hiniden*, im Innerrhoder Dialekt *etz ischt denn gnueg Heu donne*, im Alemannischen Wörterbuch der süddeutschen Alemannen *etz ischt gnueg Heu dunne* und im Pfälzischen Wörterbuch *jetz is Hai hunne*. Auch im Schweizer Hochdeutschen ist *jetzt ist genug Heu drunten* verbreitet. Im Börsen-Talk von Cash vom 27. November 2010 sagt Alfred Herbert: «Vor allem in Japan ist jetzt genug Heu drunten.»

Uf em Holzwääg

Uf em Holzwääg, hochdeutsch *auf dem Holzweg,* meint «mit seiner Vorstellung, seiner Meinung, seinem Vorhaben völlig in die Irre gehen». Auf eine Behauptung eines Gesprächspartners kann man entgegnen: *Das stimmt niid. Da bisch uf em Holzwääg.*

Auf dem *Holzwääg* wird in der traditionellen Waldwirtschaft mit den Pferden Holz gerückt und transportiert. Der Begriff ist bereits im Mittelalter gängig; in einer Zuger Quelle aus dem Jahr 1413 ist von einem «holtzweg an Steinibach» die Rede.

Weil der *Holzwääg* nicht Orte verbindet und meist mitten im Wald endet, also nirgends hinführt, wurde er schon früh zu einem Sinnbild für den Abweg oder Irrweg. Bereits der Dichter Konrad von Haslau schrieb im 13. Jahrhundert: «Dar an sich manger verschriet der einen holzwec geriet – Dabei kam mancher zu Schaden, der auf einen Holzweg geriet.» Der Reformator Huldrych Zwingli (1484–1531) schrieb über Luther, mit dem er sich wegen theologischer Differenzen entzweit hatte:

«Do Luter wol wolt, gieng es im alles wol von hand. So er aber nun den holtzweg fart, so ist es lam, was er ze handen nimpt.»

Luther selbst verwendet den Ausdruck *auf dem Holzweg* in der Bedeutung «auf dem Irrweg, auf dem Abweg» oft und nimmt ihn in seine Sammlung von Sprichwörtern auf. Er schreibt:

«Solcher Schalck ist der Teuffel, das er uns auf der rechten Ban und Mittelstrassen nicht gerne bleiben lesset, sondern jmerdar neben aussfüret auff den Holtzweg entweder zur Rechten oder zur Lincken.»

Weil sich der Holzweg, der zu nichts führt, vom viel begangenen Salzweg oder der Salzstrasse, auf der man viel Geld verdienen kann, markant unterscheidet, werden sie oft einander gegenübergestellt als Weg des Misserfolgs und Weg des Erfolgs: *Jener geit den Holtweg, de andre den Soltweg,* hiess es im Ostpreussischen.

Die Redensart *auf dem Holzweg* ist noch heute in der Schriftsprache und wohl in allen Mundarten geläufig. In der Neuen Zürcher Zeitung vom 27. Januar 2012 steht ein Artikel unter dem Titel «Informatikunterricht auf dem Holzweg». Die Mundartform finden wir z. B. im Zürichdeutschen Wörterbuch *da bisch uf em Holzwääg,* im Schaffhauser Mundartwörterbuch *du bisch uf em Holzwäg,* im Wörterbuch der elsässischen Mundarten *ihr sin uff em Holzwäj,* im Pfälzischen Wörterbuch *do bischde awwer stark uf'm Holzweeg* und im Rheinischen Wörterbuch *do beste ävver (schwer) om Holzweech.*

Uf e Hund choo

Uf e Hund choo meint «(völlig) herunterkommen, in schlechte Verhältnisse geraten», *uf em Hund sii* «finanziell, geistig oder körperlich erschöpft sein», z. B. *dr Chaschper isch mit sim Heimetli afe richtig uf e Hund choo* bzw. *i bi nach däm Waggel eso richtig uf em Hund*.

Die Redensart gehört zu jenen zahlreichen traditionellen gebräuchlichen Ausdrücken und festen Wendungen der Alltagssprache, in denen der Hund schlecht wegkommt. Wir finden etwas *hundsgemein*, titulieren jemanden aufgebracht als *Souhund*, *Lumpehund* oder *blööde Hund*, schimpfen über einen *fule* oder *faltsche Hund*, fühlen uns *hundseländ* und spotten über eine *Hundsverlochete*. Zudem ist *Hund* neben *Gugger* das geläufigste Hüllwort für *Tüüfel* in Ausdrücken wie *was Hunds seisch du daa* oder *wo Hunds han i mi Brülle la lige*.

Allein aufgrund dieses Sachverhalts kann *uf e Hund choo*, *uf em Hund sii* verstanden werden als «in schlechte Verhältnisse geraten» bzw. «sich in schlechten Verhältnissen befinden». Der Schriftsteller und literarische Vagabund Friedrich Christian Laukhard schreibt in seinen Annalen der Universität zu Schilda von 1798 zum Wort «Hund»:

«Als Schimpfwort ist es unter Burschen nicht sehr gebräuchlich. Man merke nur folgende Redensarten: Auf den Hund kommen, oder auf dem Hund seyn, bedeutet, in schlechten Umständen der Gesundheit, des Beutels u.s.w. sich befinden.»

Friedrich Gottlob Wetzel definiert in einem Buch von 1810 «auf den Hund kommen, auf dem Hunde seyn» mit «so viel wie Nichts haben, nemlich kein Geld und keinen Credit». Im satirischen Gedicht «Die neueste Mordsgeschichte», das 1867 auf die Erschiessung des unglücklichen Habsburgers Maximilian von Mexiko gedichtet wurde, heisst es:

«Von dem Tag an und der Stunde
War der Kaiser auf dem Hunde
Und dazu sein Kaisertum:
Fort war Geld, Kredit und Ruhm.»

Anhand von anderen Redensarten und von Bräuchen lässt sich *uf e Hund choo, uf em Hund sii* genauer verorten; allerdings ist die Herleitung nicht eindeutig. Mit dem Hund ist nicht einfach das Schlechte an sich gemeint, so eine Erklärung, sondern das niederste Last- und Zugtier, das man sich vorstellen kann. Schon im Jahr 1664 sollen deutsche Soldaten in St. Gotthard an der Raab, dem heutigen ungarischen Szentgotthárd, über die von ihnen geschlagenen Türken gespottet haben: «Komst aufn Hund und nit aufn Gaul!» Wer schlecht wirtschaftet und in beengtere Verhältnisse gerät, kommt nach einer Redensart *vom Pferd auf den Esel*. Rutscht er jedoch so weit hinunter, dass es tiefer nicht mehr geht, sagt eine zweite Redensart: *Er kommt vom Pferd auf den Esel, vom Esel auf den Hund, vom Hund auf den Bettelsack*. Den Bettelsack muss man zu guter Letzt selbst tragen.

So könnte *uf e Hund choo* meinen, dass man knapp vor dem Betteln steht. Nun gibt es allerdings auch die Ausdrücke *e Hund* und *ke Hund* für «gar nichts». *I weis e ke Hund*, kann man schroff sein Nichtwissen kundtun. Wer *uf e Hund chunt* hätte, so gesehen, gar nichts mehr.

Darauf weist eine weitere Erklärung der Redensart. Sie stützt sich auf die Tatsache, dass man auf den Boden von Geldtruhen früher oft einen schwarzen Hund malte. Vielleicht ein mythologischer Schatzhüter, wie die vielen schatzhütenden Hunde in Märchen und Sagen bezeugen, oder eine Mahnung zum Sparen. Brauchte jemand so viel

Geld, dass in der Geldtruhe der Boden zum Vorschein kam, war er eben *auf den Hund gekommen*.

Beide Erklärungen, sowohl diejenige, die vom Pferd über den Esel zum Hund führt, als auch diejenige von der Geldtruhe, lassen sich mit Beispielen belegen. Welche von beiden die richtige ist, lässt sich aufgrund des vorliegenden Materials nicht entscheiden.

Im Deutschen Wörterbuch wird noch auf die mittelalterliche Strafe des Hundetragens verwiesen, die zuerst bei Franken und Schwaben, dann im ganzen Reichsgebiet für Adlige ausgesprochen werden konnte. Zwei Quellen aus dem Jahr 1792 bezeichnen das Hundetragen als «leibes- und beschimpfende strafen». Wer zum Hundetragen verurteilt wurde, zeigte, dass er es wert war, gleich einem Hund erschlagen oder aufgehängt und verscharrt zu werden. Er war also ganz unten; deshalb könnte die Redensart *uf e Hund choo, uf em Hund sii* auch an diesen Rechtsbrauch geknüpft werden. Dabei ist allerdings zu beachten, dass die Redensart erst belegt ist, lange nachdem der Rechtsbrauch ausgeübt wurde.

Auf den Hund kommen, uf e Hund choo, uf em Hund sii ist heute noch allgemein gebräuchlich. Die Frankfurter Allgemeine Zeitung kritisierte am 13. September 2012 das Karlsruher Urteil zum Europäischen Stabilitätsmechanismus (ESM) unter dem Titel «Auf den Hund gekommen». Als Mundartform finden wir *uf em Hund sii* belegt im Baselbieter Wörterbuch *ùf em Hùnd syy* «erschöpft sein», im Baseldeutsch-Wörterbuch von Suter *ùff em Hùnd syy* «finanziell, geistig oder körperlich erschöpft sein», im Senslerdeutschen Wörterbuch *ùf ùm Hùnn syy* «müde, abgeschlafft sein» und, in etwas anderer Form, im Obwaldner Mundart-Wörterbuch *under ä Hund cho* «ins Elend geraten».

Über d Läbere graagget

Über d Läbere graagget, über d Lebere gchroche, über d Lääbere gloffe meint «verstimmt sein», z. B. *was isch im o über d Läbere graagget, das er eso rumpelsuurig isch.*

Im Gegensatz zur traditionellen Mundartform *es isch im öppis über d Läbere graagget* hat die Redensart im Hochdeutschen meistens die Form *jemandem ist eine Laus über die Leber gelaufen* bzw. *gekrochen*. Selten wird statt der Laus ein Floh genannt. Weil Laus und Floh winzig sind, kommt in der Redensart zum Ausdruck, dass es sehr wenig braucht, um den Gemeinten zu verärgern. All das kommt in einem der frühesten Belege für die Redensart zum Ausdruck, in Johann Geiler von Kaysersbergs Sittlichem Narrenspiegel von 1520. Das vierzigste Kapitel des Buchs ist mit folgenden Worten überschrieben:

«Die Viertzigste Narren-Schaar bestehet in unruhigen / ungedultigen / unleidlichen / kitzlichen / gantz empfindsamen Narren / welchen gar leicht ein Lauss über die Leber laufft / und dass geringste Wort / so wider sie ist / nicht erdulden können.»

Die Redensart muss in dieser Form bereits im 16. Jahrhundert sehr bekannt gewesen sein, denn der katholische Theologe Martin Eisengrein bezeichnet sie in seinen Sechs christlichen Leichenpredigten von 1564 als «Sprüchwort», wenn er sagt:

«Wann ettwa einem ein Lauss über die Leber kreücht / wie mann in einem Sprüchwort saget / unnd einem ettwas widerwertiges zuostehet / da ist warlich das lachen thewr (teuer).»

In deutschen Schriften des 17. Jahrhunderts gilt vor allem der Franzose, der seine Überlegenheit ungern angetastet sieht, als leicht reizbar. Deshalb wird die Redensart gern auf ihn angewendet, z. B. in Peter Valckeniers Das verwirrte Europa von 1677:

«Die Frantzosen sind von Natur sehr ehrgeitzig / und verlassen sich sehr auff ihre eingebildete Fürtreflichkeit / meinende / dass / also zureden / wann ihnen ein Lauss über die Leber kriechet / alsbald ihre Ehre beleidiget / und mehr Unrechts zugefüget worden sey / als wann man ihnen ihr Leben genommen hätte.»

Sogar in der negativen Form kommt die Redensart in der Sprichwörtersammlung des Historikers Lorenz von Westenrieder aus dem Jahr 1782 vor: «Er lässt sich nichts über das Maul, über die Leber kriechen, heisst, er lässt sich nicht weh geschehen.»

Für uns ist heute nicht mehr einsichtig, weshalb eine leichte Irritation der Leber unsere Gemütsverfassung beeinträchtigen sollte. Von der Antike bis in die frühe Neuzeit war man jedoch davon überzeugt, dass die Leber der Sitz der Gemütsbewegungen ist. In einer Psalmenauslegung von 1759 erklärt Johann David Michaelis, «dass die Leber nach der Hebräischen Redens-Art der Sitz der Affecten, insonderheit auch der Freude und der Traurigkeit sey». Der Dichter Paul Fleming schreibt im 17. Jahrhundert über die Augen der Geliebten: «Von euch zeucht Amor ein und aus in meine Leber, als sein natürlichs Haus.» Nicht im Herz fühlte man damals Liebe und Hass, Freude und Trauer, sondern in der Leber. Deshalb sagen wir nicht nur *es isch im öppis über d Läbere graagget,* sondern von einem Kummer auch *de truckt im s Leberli ab,* im Hochdeutschen *der frisst ihm an der Leber.* Wir reden auch *frisch von der Leber weg,* wenn wir ohne Hemmungen sprechen. Und vielleicht ist sogar *die beleidigte Leberwurst* eine humorvolle Anspielung auf die Leber als Sitz der Gemütsbewegungen.

Die Redensart *über d Läbere graagget, jemandem ist*

eine Laus über die Leber gelaufen ist heute noch in verschiedenen Formen im ganzen deutschsprachigen Raum bekannt. In einem Forum fragt ein User eine Teilnehmerin mit wenig Feingefühl: «eh chueche hesch periode odr was isch dr über d läbere gloffe?» und 20 Minuten fragt am 25. Juli 2012: «Welche Laus ist Rihanna über die Leber gelaufen?»

Belegt ist die Mundartform z. B. im Zürichdeutschen Wörterbuch *es isch em öppis über s Lääberli gchroche,* im Rheinwalder Mundartwörterbuch *äs ischt män äppäs uber d Läberä gchroche,* im Bödellitüütsch Wörterbuch *äs isch mu öppis uber ds Läberli graagget,* im Obwaldner Mundart-Wörterbuch *isch der eppis uber s Läberli gchrochä* bzw. *gstraaped* und im Simmentaler Wortschatz *es ìscht ìm eppis über d Läbere graagget.*

Dür d Latte

Das isch mer dür d Latte meint «das ist mir entwischt», z. B. *i bi däm Huen nache, aber zletscht ischs mer bi de Böim hinger doch dür d Latte*.

Sowohl das Baseldeutsche als auch das Baselbieter, das Obwaldner und das Bödellitüütsche Wörterbuch führen die Redensart in dieser Form auf, wobei die bödellitüütsche Version *är isch mu dür d Latti* lautet. In keinem dieser Wörterbücher finden wir die Form *dür d Lappe*. Doch wir wissen, dass die Redensart im Hochdeutschen in der Regel *durch die Lappen gehen* lautet. Da sind die Verhältnisse deutlich: Die Internet-Suchmaschine gibt für *durch die Latten gehen* gut 11 000, für *durch die Lappen gehen* jedoch über eine Million Suchresultate.

Der Ausdruck *durch die Lappen gehen* ist älter als *dür d Latte gaa*. Er stammt aus der Jägersprache. Im Mittelalter und der frühen Neuzeit, als das Jagen noch Adelsprivileg war, pflegte man neben der Hetzjagd und der Beizjagd auch die Treibjagd. Sie war die repräsentativste aller Jagdformen, denn bei der Treibjagd konnte das Wild in eine Arena getrieben und dort vor geladenen Damen und Würdenträgern auf kurze Distanz massenhaft abgeschossen werden. Die Jäger hatten so die Gelegenheit, sich vor einem Publikum, das dieses Blutbad genoss, auszuzeichnen.

Das Treiben, den *Triib* oder *Treib,* besorgten zum Frondienst befohlene Untertanen und die Dienerschaft. Die Treibstrecke, welche zur Arena führte, spannte man seitlich mit Schnüren ab, an denen Lappen aus Tuch hingen. Um 1800 hat Johann Georg Krünitz diese Vorrichtung in seiner Oekonomischen Encyklopädie ausführlich beschrieben:

«Die Tücherlappen werden am besten von schmahler

Leinwand, welche ¾ Ellen breit ist, gemacht; diese wird in 1 Ellen lange Streifen zerschnitten, welche am untern Ende gesäumet, am obern aber um die Leine fest genähet werden. Von einem Lappen zum andern bleibt an der Leine 1 Elle Raum, alsdann kommt wieder ein Lappen, und so wird fortgefahren, bis man eine Leine 150 Waldschritte (ein Waldschritt misst zweieinhalb Fuss) lang mit 133 Lappen benähet hat. Dieses nennt man ein Bund. Auf jeden Lappen wird des Herren Wapen, oder Nahme, nebst der Jahrzahl, mit schwarzer Oehlfarbe, wechselweise, dass ein Lappen um den andern das Wapen auf beyden Seiten recht sieht, aufgedruckt. Wenn die Leinwand hierzu gebleicht ist, ist es so viel besser, weil das Weisse des Nachts und in finstern Wäldern mehr blendet.»

Brach Wild während des Treibens seitwärts aus, ging es *durch die Lappen*. In einer Zeitschrift von 1872 heisst es, «das Wild könnte uns […], während wir essen und trinken, durch die Lappen gehen». Die Vorrichtung, die dazu dient, «sich Wild zuzulappen» mit «Wildseil, Wildgarn, Wehrtüchern oder Lappen», wird bereits im 16. Jahrhundert beschrieben. Als Redensart belegt ist *durch die Lappen gehen* für «entwischen» aber erst im 18. Jahrhundert.

Dass die Redensart in der Mundart *dür d Latte* lautet, hat wohl zwei Gründe. Erstens ist das Wort *Lappe* der traditionellen Mundart fremd. Man sagt *Fätze, Hudel, Huder, Lumpe* oder *Tuech*. Zweitens war *Latte* ein gängiges Wort, vor allem auch als Bestandteil von Holzzäunen. Ein Holzzaun konnte *ei-, zwei-* oder *drülättig* sein, also eine bis drei Querlatten haben. Zudem kam das Wort *Latte* auch in gängigen Redensarten vor wie *uf d Latte gaa, uf dr Latte haa* «nicht mögen, ärgern». Von einem Zugtier, das ausbrach, sagte man im Bündnerland *es springt us de Latte*, wobei mit *Latte* die Gabeldeichsel gemeint ist. Auf einen Menschen übertragen hiess *us de Latte springe* «dem Weg nicht folgen, auf

Abwege geraten». In diesem Umfeld ist die hochdeutsche Redensart *durch die Lappen gehen* zu *dür d Latte gaa* verändert worden. Bei ihr ist die zugrunde liegende Vorstellung nicht mehr der Wildlappen, sondern der Zaun oder die Deichsel, durch die ein Tier ausbricht.

Carl Albert Loosli (1877–1959) schreibt in der letzten Strophe seines Gedichts «Zwätschgechueche», in dem er sich erinnert, einmal ein Stück Zwetschgenkuchen der Nachbarin abgelehnt zu haben:

's isch mer ou speter no mängs dür d Latte gange,
Ha mängs versuumt, wo mer hätti wölle blüje,
U doch nid mängs, won im so tue nacheblange
Wi däm Bitz Chueche! 's tuet mi gäng no gmüje!

Uf dr Latte haa

Uf dr Latte haa meint «nicht mögen, ärgern, satt haben», z. B. *i has uf dr Latte, we teil meine, si chönni eifach allnenoorten a Bode chodere*.

Im Lexikon der sprichwörtlichen Redensarten vermutet Lutz Röhrich, mit der *Latte* in der Redensart *jemanden auf der Latte haben* sei die Visierlatte des Landvermessers oder des Artilleristen gemeint. *Latte* könne sich aber auch auf ein Kerbholz beziehen, auf dem Schulden notiert sind. Auch das Buch «Redewendungen» von Duden ist der Meinung, dass hinter der *Latte* in der Redensart die Visierlatte steht. In beiden Büchern gibt es keine Belege für diese Vermutung.

Es fällt auf, dass in unseren Mundarten die Redensart *uf dr Latte haa* dieselbe Bedeutung hat wie *uf em Strich haa* und älteres *uf em Chritz haa* sowie *uf dr Beile haa*. *Latte* und *Strich* waren Rechenzeichen für Leute, die das Zifferrechnen nicht beherrschten. Mit langen Längsstrichen, den *Latten,* notierte man beim Zählen von Säcken, Fässern oder Fuhren die Zehner, mit kurzen Querstrichen, den *Striche*, die Einer. Oder man fügte an eine senkrechte *Latte* kurze waagrechte *Striche*, abwechslungsweise fünf rechts, fünf links, die als Zählzeichen dienten. In einem Glarner Volksgespräch sagt der eine Sprecher, dass sein Vater «*mit Latten und Striche g'rechnet hät*». *Chritz,* ursprünglich eine Kerbe in einem Holzstück – mit *Chrinne* und *Chritze* wurde auf dem Kerbholz der Milchertrag notiert –, hatte in der traditionellen Mundart oft dieselbe Bedeutung wie *Strich*. Der Ausdruck *im Chritz* mit der Bedeutung «zu einem angemessenen Preis» meinte nicht über und nicht unter dem Strich. *Beile* nannte man das traditionelle Kerb- oder Rechenholz.

«Die Holzflösser haben mitunter den Zollern zu Dornach 1000 Klafter Scheiterholz auf die Beilen zu verzollen gegeben», heisst es in einer Quelle aus dem Jahr 1554.

Alle vier Redensarten lassen sich also mit dem Rechnen in Beziehung bringen. *Uf dr Latte, uf em Strich, uf em Chritz* und *uf dr Beile haa* meinte ursprünglich «in Rechnung nehmen, rechnen mit, im Auge haben». In einem Text von Meinrad Lienert (1865–1933) fragt ein Bewerber ein Mädchen: *«Häst öppe scho e Andere uf dr Latte?»* Wer einen Einkauf *uf e Strich nimmt,* lässt ihn anschreiben. *Es fäält ke Chritz,* im Sinne von «wirklich, wahrhaftig», bezieht sich auch darauf, dass man alles in der Rechnung hat und nicht schummelt. Bereits im Jahr 1868 bezog ein Autor die Redensart *uf em Strich haa* auf die traditionelle Weise des Rechnens:

«[Wir] deuten unsere Redensart […] auf die Beilenrechnung, nämlich auf eine abgeleitete Form derselben, bei welcher die Kerben zur Kontrollierung von Ablieferungen […] schriftlich (gewöhnlich mit der Kreide) dargestellt werden, und zwar der Übersichtlichkeit wegen zu fünfen, sechsen abwechslungsweise links und rechts von einem senkrechten Strich.»

Redensarten, die sich darauf beziehen, dass man etwas oder jemanden in Rechnung nimmt, können ins Negative umschlagen. Das zeigt sich auch bei *ankreiden* und *auf dem Kerbholz haben*. Dennoch kann die Vermutung, dass sich *uf dr Latte, uf em Strich, uf em Chritz, uf dr Beile haa* mit der Bedeutung «nicht mögen, ärgern, satt haben» auf das Rechnen beziehst, nicht belegt werden. Es bleibt bei Indizien! Tatsache ist, dass diese Redensarten seit dem 19. Jahrhundert in den Mundarten reich belegt sind. In der Schriftsprache findet man keine älteren Belege, vielleicht weil das Rechnen mit *Latte, Strich, Chritz* und *Beile* nicht zur Schriftkultur gehörte.

Bei Jeremias Gotthelf (1797–1854) finden wir den Ausdruck «was haben dir die Leute z'wider 'dienet, dass du sie so auf dem Strich hast», beim Valser Arzt und Schriftsteller Johann Joseph Jörger (1860–1933), wenn er von einer bösen Geiss erzählt, *«der Michel hed das verfluomet Plagg au b'senkt uf em Strich g'hä»,* beim Elsässer August Lustig (1840–1895) *«ich ha dich siter uf dr Latte / Und wart nur uf e Glegeheit»,* beim Aargauer Paul Haller (1882–1920) *«mi händ d'Mäitli uf dr Latte»,* im Pfälzischen Wörterbuch *«aane uf de Latt han»* und auf dem Schnitzelbank von 2003 von Schorsch vom Haafebeggi 2 *«ich ha mi Noochber syt am Afang uff dr Latte».*

Öpperem d Levite läse

Öpperem d Levite läse meint «eine Strafpredigt halten, die Meinung sagen», z. B. *dere han i d Levite gläse, das si vo itz aa nümm e Mouggere macht vor de Chunde.*

Die Redensart *öpperem d Levite läse,* älter *de Levit läse* oder *verläse,* hochdeutsch *die Leviten lesen,* seltener *die Leviten verlesen,* ist seit dem 16. Jahrhundert schriftlich belegt. Im Schauspiel «Ein nüw und lustig spyl von der erschaffung Adams und Heva» von 1550 des Zürcher Wundarztes und Dramatikers Jakob Ruef sagt Kain zu Abel:

«Nit muest mir mer d'leviten lesen,
das du g'schend't werdist uff der erden.»

Im 18. und frühen 19. Jahrhundert ist die Form *jemandem einen derben Leviten lesen* oder *geben* sehr häufig. In der Historie des Jahrs 1717 lesen wir, in einem Handel zwischen Frankreich und Spanien habe «der Marquis de Torcy dem Anjouistischen Gesandten / Printz Cellemare, [...] einen derben Leviten gegeben» und Johann Schneider erklärt in seiner Erbaulichen Bibel-Arbeit vor Kinder und Einfältige von 1719 zum Rangverhältnis von Petrus und Paulus:

«Da Petrus so stolperte, dass er sich denen Heyden zu Gefallen verstellete, und mit ihnen ass, lass ihm Paulus einen derben Leviten, welches er nicht hätte thun dürfen, wenn Petrus der Oberste gewesen.»

Gegen Ende des 19. Jahrhunderts scheint sich die Form *jemandem die Leviten lesen* durchgesetzt zu haben, welche auch Robert Kraft, ein im Schatten von Karl May stehender Autor, in seinem Roman «Die Vestalinnen» von 1895 verwendet:

«Der Pflanzer scheint nämlich unter dem Pantoffel einer sehr eifersüchtigen Frau zu stehen. Ich hörte, wie seine liebliche Ehegattin ihm wegen Loras die Leviten las. Sie machte ihn so herunter, dass kein Hund ein Stückchen Brot von ihm annähme, wenn er das gehört hätte, und dann hörte ich es auch ein paarmal klatschen, worauf stets Jammertöne folgten.»

Die Redensart bezieht sich auf das dritte Buch Moses, das Leviticus genannt wird, weil es hauptsächlich Vorschriften für Leviten, d. h. Priester, enthält. Möglicherweise geht *die Leviten lesen* im Sinne von «eine Strafpredigt halten» auf Bischof Chrodegang von Metz (um 716–766) zurück. Er stellte zur Besserung der verwilderten Geistlichkeit einen Kanon nach Art der Benediktinerregel auf. Der verpflichtete die Fehlbaren zu gemeinschaftlichem Essen und Schlafen, zu gemeinsamem Gebet und Gesang sowie zu Versammlungen mit Buss- und Andachtsübungen. Da pflegte ihnen der Bischof oder sein Stellvertreter einen Abschnitt aus dem Leviticus vorzulesen, an den er ermahnende und strafende Reden knüpfte. Zwischen Chrodegangs Strafpredigten und dem Auftauchen der Redensart liegt jedoch eine lange Zeitspanne, welche einen direkten Zusammenhang fraglich macht.

Vielleicht bezieht sich die Redensart *jemandem die Leviten lesen* auch auf die Levitenmesse im geistlichen Stift. Dort übte der Vorstand das Sittenrichteramt über die jüngere Geistlichkeit aus und rügte nach der Messe, was zur Beanstandung Anlass gab. Die Schriftstellerin Annette von Droste-Hülshoff schreibt in einem Brief an ihre Schwester vom 7. August 1846 zum Begräbnis des Bischofs Caspar Max Droste zu Vischering: «Denk dir, unser Werner ist auch mitgegangen und hat die ganze Levitenmesse ausgehalten!»

Heute ist *öpperem d Levite läse, jemandem die Leviten lesen* noch im ganzen deutschsprachigen Raum geläufig. 20 Minuten setzte am 23. August 2009 über einen Artikel den Titel «Berlusconi will Gaddafi die Leviten lesen» und die Neue Zürcher Zeitung titelte am 21. September 2011 «UBS-Spitze muss sich in Singapur die Leviten lesen lassen». Die Mundartform finden wir z. B. im Baselbieter Wörterbuch *äim d Lewyte lääse,* im Obwaldner Mundart-Wörterbuch *äim d Leviitä läsä,* im Rheinwalder Mundartwörterbuch *äim d Lewittä läse* und in Wallissertitschi Weerter *d Lewite verläsu.*

Die gleiche Bedeutung wie *öpperem d Levite läse* hat *öpperem us em Hagelbuech läse, öpperem ds Kapitu läse* oder *verläse* und *öpper abekapitle.*

Us em letschte Loch pfiiffe

Us em letschte Loch pfiiffe meint «am Ende seiner Kraft sein, dem Tod oder dem Ruin nahe sein», z. B. *em Ruedi sis chliine Lädeli rändiert doch hüt nümm, dä pfiifft us em letschte Loch.*

Die Redensart hat sowohl in der Mundart als auch im Hochdeutschen die beiden Formen *us em letschte Loch pfiiffe, aus dem letzten Loch pfeifen* und *uf em letschte Loch pfiiffe, auf dem letzten Loch pfeifen.* Sie ist seit dem 16. Jahrhundert belegt. Der Zürcher Theologe und Lexikograf Johannes Fries (1505–1565) führt sie in seinem lateinisch-deutschen Wörterbuch auf: «Zur zeit der grössten not, da wir schier auf dem letsten löchle (wie man sagt) pfiffend.» Literarisch erscheint sie im Simplicissimus-Roman von Grimmelshausen (um 1622–1676) «er besorge, ich werde aus dem letzten Loch pfeifen» und bei Ulrich Bräker (1735–1798) «durch's letzte Löchli pfeifen». Die Redensart ist heute noch sehr geläufig, z. B. betitelt Die Zeit vom 14. Oktober 1977 einen Artikel über die Finanzmisere in Duisburg mit «Pfeifen aus dem letzten Loch» und 20 Minuten online behauptet am 3. Juli 2011 über Scientology in der Schweiz «Scientology pfeift aus dem letzten Loch».

Alle grossen Wörterbücher, auch das Deutsche Wörterbuch und das Wörterbuch der schweizerdeutschen Sprache, gehen davon aus, dass die Redensart vom Spielen eines Blasinstruments ausgeht und dass mit dem letzten Loch das Griffloch für den höchsten Ton gemeint ist. Über diesen Ton kann man nicht hinausblasen. Diese Zuschreibung kann nicht bewiesen werden, ist jedoch sehr wahrscheinlich. Im Mittelalter und in der frühen Neuzeit sagte man für das Spielen jeglichen Blasinstruments, sei es Flöte,

Schalmei oder Sackpfeife, *pfifen*. Sogar das Blasen der Trompete wird in frühen Quellen noch *pfifen* genannt. In grober übertragener Bedeutung meinte *pfifen* «scheissen», deshalb spricht man heute noch von *Dünnpfiff*. Das Wort ist entweder eine Entlehnung aus lateinisch *pipāre* oder eine lautmalende Neubildung.

Die Pfeife war allgegenwärtig, man spielte sie im Militär und beim Tanz, deshalb hiess *mit Trummen und Pfeiffen* dasselbe wie heute *mit Pauken und Trompeten*, nämlich «mit Glanz und Gloria, grossartig». Ein bekannter Spottvers mit vielen Varianten lautete *dr Pfiifferludi mit dr länge Pfiiffe het sibenesibezg Löcher drin u ma se schier nid griiffe*. Die Redensart *es Ross an es Pfiiffli tuusche* oder *es Ross fürn e Pfiiffe gää* «im Handel übervorteilt werden» ist seit dem 16. Jahrhundert belegt. Auch *nach sire Pfiiffe tanze* «sich jemandem unterordnen» ist bis heute bekannt. Wer ein Blasinstrument spielte, war ein *Pfeifer*, deshalb kommt der Familienname *Pfyffer, Pfeif(f)er* oft vor.

Pfeifen kann man auf einem Blasinstrument oder mit dem Mund. Deshalb ist bei vielen Redensarten nicht auszumachen, von welcher Art pfeifen sie ausgehen. *S geit wi pfiffe* «es läuft wie geschmiert» kann sich sowohl auf das flinke Flötenspiel beziehen als auch auf das Pfeifen mit dem Mund, das einfacher ist als reden. Bei *da pfiifft en andere* «da ist ein anderer Meister» wird wohl eher der Pfeifer gemeint sein, nach dessen Pfeife man tanzen muss. Auch bei *dä cha mer pfiiffe* «der kann mir gestohlen bleiben» ist meines Erachtens eher das Pfeifen auf dem Instrument gemeint, dessen Takt man sich nicht fügen will. Hingegen ist *i pfiiffe druuf* «das ist mir vollkommen gleichgültig» eine Hüllform von gröberem *i schiisse druuf*.

Vor diesem ganzen Hintergrund gesehen, geht die Redensart *us em letschte Loch pfiiffe* wohl vom Spielen eines Blasinstruments aus, das auf das pfeifende Atmen eines

Sterbenden übertragen werden kann. Die Redensart ist ja nicht gerade feinfühlig.

Die Mundartform *us em letschte Loch pfiiffe* ist belegt z. B. im Berndeutschen Wörterbuch *uf (us) em letschte Loch pfyffe*, im Zürichdeutschen Wörterbuch *er pfíífft us (uf) em letschte Loch*, im Innerrhoder Dialekt *us em letschte Loch pfiiffe*, im Baselbieter Wörterbuch *ùs em letschte Loch pfyffe*, im Alemannischen Wörterbuch der süddeutschen Alemannen *uff m letschte Loch pfiffe* und im Pfälzischen Wörterbuch *er pfeift uf'm letschde Loch*.

Mattääi am Letschte

Es isch Mattääi am Letschte, es isch Mattee am Letschte, seltener *es isch Mattääi am Lätze* meint «es geht zu Ende mit jemandem oder etwas, es ist das Schlimmste zu erwarten», z. B. *mit däm Chare han i scho lang Probleem ghaa, itz isch Mattääi am Letschte mit im.*

Die Redensart *Matthäi am Letzten,* seltener *Matthäus am Letzten* ist im ganzen deutschsprachigen Raum bekannt. Ihr liegt ein Luther-Zitat zugrunde. Martin Luther schreibt im 4. Hauptstück seines Katechismus: «Da unser Herr Jesus Christus spricht Matthäi am Letzten: Geht hin in alle Welt und lehret alle Völker, und taufet sie im Namen des Vaters, des Sohnes, und des heiligen Geistes.» Der Ausdruck *Matthäi am Letzten* meint hier nichts anderes als «das letzte Kapitel des Matthäus-Evangeliums». Das Evangelium schliesst mit den Worten «bis an der Welt Ende». Die Redewendung, die später aus diesem Ausdruck entsteht, spielt also indirekt auf das Ende aller Dinge an.

Im 16. Jahrhundert brauchten andere Theologen den Ausdruck *Matthäi am Letzten* auf dieselbe Weise wie Luther. In seiner Auslegung der Evangelien von 1581 schreibt der Prediger Michael Buchinger, Christus sage: «Nemet war / ich bin bey euch alle tage biss zum ende der Welt / Matthei am letzten.» Und der Verleger und Buchdrucker Sigismund Feyerabend bekräftigt in seinem Theatrum Diabolorum von 1575, dass trotz dem Wirken der Teufel die Christenheit bleiben werde, «biss an die ubrige neige der Welt / wie der Sohn Gottes sagt / Matthei am letzten: (Ich bin bey euch alle tage / biss an der Welt ende)».

Matthäi am Letzten wurde, wie die Beispiele belegen, eine gewisse Zeit von Theologen als Ausdruck gebraucht und nicht als Redensart mit einer übertragenen Bedeutung. In der Predigtliteratur des 17. Jahrhunderts könnte der Ausdruck bereits zur Redensart geworden sein, denn es taucht das Zitat «es möcht Matthäi am lesten sein» auf mit der Bedeutung «es könnte zu Ende gehen». Nur ist dieses Zitat nicht direkt greifbar. Entscheidend dafür, dass *Matthäi am Letzten* zu einer weit verbreiteten Redensart wurde, ist meines Erachtens der Balladendichter Gottfried August Bürger (1747–1794). Er schrieb in der Ballade «Die Weiber von Weinsberg» die Zeilen:

«Doch wanns Matthä' am letzten ist,
Trotz Rathen, Thun und Beten,
So rettet oft noch Weiberlist
Aus Aengsten und aus Nöthen.»

Diese Zeilen wurden nicht nur oft zitiert, im letzten Viertel des 18. und Anfang des 19. Jahrhunderts taucht *Matthäi am Letzten* plötzlich als Redensart in verschiedenen Dichtungen und Zeugnissen auf. So 1779 im Spitzbart von Johann Gottlieb Schummel «es war also mit unserm Helden Matthä am Letzten» und 1811 in der Kalendergeschichte «Jakob Humbel» von Johann Peter Hebel:

«Das Beste von seinem erworbenen Vermögen, wovon er noch etwas lernen wollte, ging zu seinem unsäglichen Schmerzen drauf, und er dachte: Jetzt habe ich hohe Zeit, sonst ist's Matthä am letzten.»

Sehr interessant ist ein Brief aus dem Jahr 1779 des Schriftstellers Christoph Martin Wieland an den Redaktor und Naturforscher Johann Heinrich Merck, in dem Wieland von seiner Dichtung «Oberon» spricht, die Redensart braucht und erwähnt, dass sie von Bürger ist:

«Ich werde nun nächstens mit dem X. Gesang fertig seyn, und dann hab ich noch ungefähr 180 bis 200 Stanzen zu machen, so ist's Matthä am letzten damit, mit dem Volksdichter Bürger zu sprechen.»

Im 19. Jahrhundert wird die Redensart *Matthäi am Letzten* sowohl in der Schriftsprache wie auch in den Mundarten allgemein gebräuchlich. Auch Jeremias Gotthelf braucht sie in der Erzählung «Barthli der Korber», wo ein derartiger Sturm losbricht, «dass man nicht wusste, bleibt etwas ganz auf dem Erdboden oder ists Matthäi am Letzten». Oder Friedrich Dürrenmatt mit seinem Kommissar Matthäi, der von seinen Polizeikollegen «Matthäi am Letzten» genannt wird. Die Mundartform findet man z. B. im Zürichdeutschen Wörterbuch *s isch Matèèi am letschte,* im Schaffhauser Mundartwörterbuch *s säi Matääi am Letschte,* im Obwaldner Mundart-Wörterbuch *Matee am letschtä* und in Bairisches Deutsch *Matthä-am-letzten.*

E Metti mache

E Metti mache meint «viel Aufhebens, ein Getue machen»; z. B. kann eine Mutter ihrem Kind sagen: *Mach nid geng eson e Metti, we d i ds Bett sötsch.*

Die Redensart *e Metti mache* kennt man vor allem in der Westdeutschschweiz. Man findet sie jedoch auch im Elsässischen *mit deene Lüt het mr e Metti* und im Schwäbischen *was d Leut für a Mötte hand.*

Das Wort *Metti*, hochdeutsch *Mette*, meint ursprünglich die Frühmesse, deshalb sagt man dem Läuten der Frühglocke *ds Mettilüte. Metti,* im Althochdeutschen des frühen Mittelalters *mettina,* ist entlehnt aus spätlateinisch *mattina,* das aus *(laudes) mātūtīnae* «Morgenlob» zusammengezogen ist. *Metti* bezeichnet aber auch die Abendandacht am Mittwoch, Donnerstag und Freitag in der Karwoche. Besonders die Messe am Mittwoch vor dem Gründonnerstag, die vielerorts *Pumpermette* oder *Rumpelmette* genannt wurde, weil man nicht die Glocken läuten, sondern nur hölzerne Klappern betätigen durfte, galt im Volksmund schon früh als lärmige Angelegenheit. Der Schriftsteller Friedrich Nicolai spricht 1781 von einem «Getöse mit ein paar Stücken Holz, welche man Ratschen nennt».

Deshalb ist das Wort *Mette* bereits ab dem 17. Jahrhundert überliefert mit der übertragenen Bedeutung «Gepolter, Lärm, Radau». Der Barockprediger Abraham a Sancta Clara zählt in seinem Judas der Erzschelm vom Ende des 17. Jahrhunderts auf, was ein geplagter Mensch alles auszuhalten hat: «Was Schmuck (Schmeichelei), was Druck, was Schlegel, was Flegel, was Stöss, was Press, was Spott, was Noth, was Fretten (Reibereien), was Metten, muss er nit ausstehen.»

Derselbe Satz findet sich auch im Christlichen Weltweisen von 1709 des katholischen Theologen und Satirikers Albert Josef Conlin. Im Erzähler, einem Unterhaltungsblatt von 1838, finden wir die Geschichte «Der Bocksprung». Dort schimpft ein Mann mit einer liederlichen Frau, die nachts Alarm schlägt, weil sie glaubt, bei ihr brenne es:

«Was stört Ihr uns da aus dem Morgenschlafe, haltet bessere Hausordnung, wie ich und lasst keine Unholde hinein, da habt Ihr keine solche Mette zu befürchten, und braucht nicht uns Nachbarsleute zu erschrecken.»

Weit verbreitet sind seit dem späten 16. Jahrhundert die Ausdrücke *Mette,* spezieller *volle Mette* bzw. *volli Metti* für ein Besäufnis. In seiner Beschreibung von Baden und seinen Bädern schreibt der Historiker Heinrich Pantaleon um 1578: «Es were der schlemmer bad und wurde hier die volle mette gesungen.» Der Theologe und Dichter Bartholomäus Ringwaldt braucht 1590 den Ausdruck *solche Metten halten* für «betrinken» und in den Briefen des Feldherrn Albrecht von Wallenstein aus den Jahren 1627–1634 lesen wir von einem Abend, an dem man «eine volle Mette gehalten, dabei sich fast selber keiner mehr gekannt und zu gubernieren (beherrschen) gewusst». Noch 1909 braucht der Schriftsteller Bruno Wille in seinem Roman «Die Abendburg» den Ausdruck *volle Mette,* denn er schreibt:

«Es war eine volle Mette, und viele mögen sich nach so starkem Trunke kaum entsonnen haben, was alles getan und geredet worden.»

In unserer Redensart *e Metti mache* hat das Wort *Metti* viel von der Schärfe verloren, die es einmal hatte. *E Metti mache* ist heute in den Mundarten am Veralten; *Mette* und *volle Mette* als Bezeichnungen für Radau und Besäufnis sind aus der Schriftsprache verschwunden. Eine ähnliche Bedeutung wie *e Metti mache* hat *es Gheie mache* und *es Züüg mache.*

D Milch abegää

D Milch abegää, d Milch abelaa meint «nachgeben, einlenken, seine Ansprüche herabstimmen», z. B. *itz macht er non e Grind, aber dä git de d Milch scho abe.*

Die Redensart *d Milch abegää* stammt aus dem traditionellen bäuerlichen Alltag. Einer Kuh, die von Hand gemolken wird, muss man das Euter massieren, damit die Milchsekretion angeregt wird und die Milch ins Euter schiesst. Die Kuh muss also vor dem Melken *d Milch abegää*. Diese Vorbereitung auf das Melken nennt man *aamälche* oder *aarüschte*. Kühe, denen die Milch rasch ins Euter schiesst, bezeichnet man als *lind-* oder *ringmälch(ig)*, diejenigen, welche schwieriger zu melken sind, als *hert-* oder *zääimälch(ig)*.

In der Redensart *d Milch abegää* wird derjenige, der von einer Sache überzeugt werden muss, und diejenige, die vom starrköpfigen Beharren auf ihrer Position abgebracht werden muss, mit einer *hertmälche Chue* verglichen, welche nach fachkundigem *aarüschte* die Milch schliesslich doch ins Euter schiessen lässt.

Die ältesten Belege der Redensart *d Milch abegää* im Wörterbuch der schweizerdeutschen Sprache stammen aus amtlichen Protokollen. In einem Abschied, d. h. einem Protokoll der Tagsatzung von 1512, wird im Hinblick auf Prozessgegner der Wunsch geäussert, sie «söllden schier die milch nider lan». In einem Dokument der Reformationszeit erklärt der St. Galler Reformator Joachim Vadian (1484–1551) mit unverhohlener Genugtuung, weil man die Wiedertäufer «an gelt anfieng ze strafen, liessend si die milch gar nider und wurdend so geschlacht (gefügig), dass man si um einen finger gewonden hette». Der Schriftsteller Jeremias Gotthelf brauchte die Redensart gern, z. B. «der Landjäger liess die Milch hinunter und endlich kam ein Vergleich zu Stande» oder «es nähme sie Wunder, ob Änni jetzt die Milch hinuntergelassen und ob es jetzt mit Leuten wie sie sich abgeben möchte».

Die Redensart ist heute aus der öffentlichen Sprache verschwunden und wird auch in der Mundart seltener, weil, im Zeitalter der voll automatisierten Melkroboter, der sachliche Hintergrund dazu verloren geht. Lutz Röhrich gibt in seinem Lexikon der sprichwörtlichen Redensarten nur eine schweizerische Mundartvariante der Redensart. Man findet sie z. B. im Berndeutschen Wörterbuch *d Milch abegä*, im Baselbieter Wörterbuch *d Milch aabegee,* im Schaffhauser Mundartwörterbuch *i de Regruuteschuel gäb er denn d Milch scho abe* und im Bödellitüütsch Wörterbuch *är hed d Milch ahaglaa.* Ausserhalb der Schweiz finden wir sie auch im Wörterbuch der elsässischen Mundarten *d Milch falle losse.*

Mulaffe feil haa

Mulaffe feil haa meint «gaffen, müssig zuschauen», z. B. *statt das er mithilft, het er nume Mulaffe feil.*

Über die Redensart *Maulaffen feilhalten,* die im ganzen deutschsprachigen Raum vorkommt, ist viel geschrieben worden, viel Falsches, viel Vermutetes und Erdichtetes, aber wenig Belegbares. In den frühesten Belegen, in denen das Wort *Maulaffe* vorkommt, steht es für «Maulheld» oder «dummer Schwätzer». *Affe* steht für «dummer Mensch»; wir kennen aus unseren Mundarten Bezeichnungen wie *blööden Aff, tummen Aff,* die Ausdrücke *tümmer weder en Aff, daastaa win en Aff* und *dr Aff mache* «den Narren machen». *Affe* ist oft austauschbar mit *Narr,* die *Narrenbank* und das *Narrenseil* kann man auch als *Affenbank* und *Affenseil* bezeichnen.

Einen frühen Beleg für *Maulaffe* liefert das lange Gedicht «Von dem grossen lutherischen Narren» (1522) vom Luthergegner Thomas Murner, in dem er von Luther sagt:

«So darff er alle bischöf schenden
Und die cardinäl an wenden
Und sie alle heissen weit mulaffen
Darzue die münch und auch die pfaffen
Schelmen / bueben / lecker nennen.»

Weit mulaffen steht hier für «Schwätzer, die den Mund weit aufreissen». Luther selbst sagt in einer Schrift von den «maulaffen», dass sie «gleich so viel gelten als die narren und unachtsame ungeschickte Leut zu allen dingen» sind. Noch genauer beschreibt sie Johannes Riemer in seinem Buch «Der politische Maul-Affe» von 1679: «Ich nenne sie Affen / weil sie von der Natur so verschmähet worden / dass sie kaum vier Loth Gehirne / ich meine Verstand / im Kopffe haben / und nichts aus ihrer eigenen Erfindung zur Schuldigkeit ihres Beruffs contribuiren können. [...] Ich nenne sie ferner Maulaffen / alldieweilen solch Volck sonst nichts mehr weiss / als nur mit dem Maule sich gross zu machen / und seine Thorheiten erhebet: alle andere Geschicklichkeit aber leichtsinnig vernichtet.»

Ganz deutlich bezeichnet Riemer hier mit dem Wortteil *Affe* die Dummheit und mit dem Wortteil *Maul* die dumme Geschwätzigkeit. Auch Johann Christoph Ettner, ein Nachahmer Riemers, hat es in seinem Buch «Dess getreuen Eckarths Medicinischer Maul-Affe» von 1694 mit Leuten zu tun, die den Mund weit aufreissen und viel schwatzen, denn er schreibt gegen «der Marcktschreyer und Quacksalber Bossheit und Betrügereyen». Und Johann Joseph Pock sagt in seinem Glücks- und Unglücks-Hafen von 1733, der Einfältige «spreitzet das Maul auf / wie ein anderer Maul-Aff / das jederman einen Verdruss darob haben muss». Schliesslich mahnt August Friedrich Ernst Langbein (1757–1835) in seiner Erzählung «Der kluge Mann»: «Man muss nicht alles glauben, was Narren und Maulaffen reden.» Alle Beispiele belegen, dass mit *Maulaffe* ein Narr, ein dummer Schwätzer, ein Affe, der das Maul aufreisst, gemeint ist.

Nichts scheint nun einfacher, als die Redensart *Mulaffe feil haa* zu erklären, denn der Ausdruck *feil haa* hat neben der Bedeutung «anbieten» auch die übertragene Bedeutung «sich anbieten, sich zur Schau stellen». In einer Mundarterzählung aus dem 19. Jahrhundert sagt eine Mutter zu ihren Töchtern, die einem Mann schöne Augen machen, keine «*soll-si me erfräche, bi dem Schlänggel stundelang go feil z haa*». *Mulaffe feil haa* heisst also nichts anderes als «sich als Narr gebärden, dumm schwatzen» und heute fast ausschliesslich «mit offenem Mund dumm dastehen».

Weil *feilhalten* die Hauptbedeutung «anbieten, verkaufen» hat, führte dies seit dem Ende des 18. Jahrhunderts dazu, unter *Maulaffen* eine Ware zu verstehen. Man fand heraus, dass alte Kienspanhalter oft als Köpfe mit offenen Mündern geformt sind. Diese Kienspanhalter nenne man auch *Maulaffen*. *Maulaffen feilhalten* meine also, behauptete man, ursprünglich «Kienspanhalter feilhalten» und erst im übertragenen Sinn «mit offenem Mund dastehen und glotzen», eben wie Kienspanhalter. Ich halte diese Geschichte, wenn sie denn keine erfundene Konstruktion ist, für sekundär und bin der Meinung, dass sich die Redensart mit dem ursprünglichen Wortsinn von *Maulaffe*, der seit dem 16. Jahrhundert sehr gut belegt ist, einwandfrei erklären lässt. Zum Schluss lasse ich Johann Peter Hebel im Gedicht «An Pfarrer Günttert in Weil» über junge Geistliche schimpfen; da kommt der *Mulaff* noch einmal richtig zum Zug:

«Und wenn ein vor Chummer und Trübsal schier gar verschmachtet
oder wenn ein's Gwisse an sine Sünden erinnret,
oder wemme vo hinnen im lezte Stündli soll scheide,
stöhn sie wie Mulaffe do mit ihrer weltliche Wisheit,
wüsse nit gix no gax und chönnen ein ebe nit tröste.»

Die Redensart ist heute noch allgemein geläufig. Am 28. März 2009 schreibt die Appenzeller Zeitung in einem Artikel: «[Ich] konnte mich sonstwie verweilen, beispielsweise mit dem Anbringen schöner Stempel auf Makulatur oder Maulaffen feilhalten.» Die Mundartform finden wir, zum Teil noch mit der alten Bedeutung «dumm schwatzen», z. B. im Baselbieter Wörterbuch *Muulaffe fäil haa* «gaffend herumstehen», im Innerrhoder Dialekt *Mulaffe fääl haa* «untätig herumstehen und gaffen» bzw. «dumm daherreden», im Obwaldner Mundart-Wörterbuch *Muilaffä fäil ha* «neugierig, untätig herumstehen», im Rheinwalder Mundartwörterbuch *Muulaffä feil hä* «viel und dumm schwatzen» und im Simmentaler Wortschatz *Mulaffe fils hàà* «gaffen».

Am Narreseili desumefüere

Am Narreseili desumefüere meint «täuschen, zum Narren halten, blossstellen», z. B. *di het ire Fründ richtig am Narreseili desumegfüert u dä Tscholi hets nid emaal gmeerkt.*

Die Redensart *am Narrenseil führen* ist seit dem späten Mittelalter belegt. Sie entstand in einer Welt, in der an einem Strick herumgeführte Tiere und eingespannte Zugtiere in der Stadt und auf dem Land zum Alltag gehörten. Deshalb ist die Vorstellung, dass Menschen, die einer fremden Kraft gehorchen, an einem Strick oder Seil geführt oder gezogen werden, weit verbreitet. Man sprach und schrieb vom Strick des Teufels, vom Seil der Venus, und noch heute sind wir in etwas Unangenehmes *verstrickt* oder lassen uns von Verführerischem *bestricken*. Redensarten wie *am Seili sii* «verheiratet sein», *am gliiche Seili zie* «zusammen etwas wollen», *am Seili haa* «zu jemandem stehen», *ab em Seili sii* «befreit sein von etwas», *ds Leitseili i de Händ haa* «Meister sein, führen» sind zahlreich.

Das Narrenseil ist das Seil, an dem der Herr seinen Narren führte, oder das Seil, an das man in früherer Zeit Geisteskranke band. In der Redensart ist der Mensch der entmündigte Narr, die Führer bzw. Verführer sind in den frühen Belegen fast ausschliesslich der Teufel, die Verkünder des falschen Glaubens und die Frauen. Deshalb ist der Sinn der Redensart *am Narrenseil führen* oft geradezu «in der Gewalt haben». Der Humanist und Dichter Sebastian Brant sagt in seinem Narrenschiff von 1494:

«Wer nit die rechte kunst studiert,
Und würt am narren seil gefiert,
Und nach der gschrifft sich nicht regiert:
Der selb dem gouch die schellen rüert.»

(Wer nicht die rechte Kunst erlernt und am Narrenseil geführt wird und sich nicht von der Heiligen Schrift leiten lässt, der läutet dem Narren die Schellen.)

Im religiösen Schrifttum führen die Verkünder des falschen Glaubens die Menschen dem Teufel zu, d. h. ins Verderben. In einer gegen die Reformatoren gerichteten Klage aus dem Jahr 1521 an den deutschen Kaiser beklagt der Autor die «ainfeltigen christen / welche sy (die Reformatoren) so vil iar am narrensail gefürt haben» und der Reformator und Schwärmer Andreas Bodenstein (um 1477–1541) fragt, diesmal aus Sicht der Reformation gegen die Katholiken gerichtet:

«Ist es nicht eine teuflisch Sach, dass wir uns also äffen und am Narrenseil führen lassen, dass wir die unsinnigen Pfaffen und Mönche hören also blatern: Gebt Geld, brennt Licht und opfert, helft den armen Seelen, löst sie aus ihrem Fegfeuer?»

Der Schriftsteller Hans Jakob Christoffel von Grimmelshausen (um 1622–1676) versteht unter dem Narrenseil das Seil der Venus, z. B. in einer seiner simplizianischen Schriften:

«Ich war mit den Stricken Veneris, oder bässer zu sagen mit dem Narrensail rechtschaffen verstrickt / und derhalben gantz blind und ohn Verstand.»

Auch der Schaffhauser Hans Stockar spricht mit dem Narrenseil das Seil der Venus an, wenn er in seiner Chronik von einem Fastnachtsspiel in Schaffhausen erzählt, das 1527 gespielt wurde:

«[In diesem Spiel] führt eine Dame den Papst, Kaiser, König und alle stehen am Narrenseil, jeder an seiner Stelle, und war ich der Kaiser, und trug jeder eine Narrenkappe.»

Das Narrenseil als blind machende Liebesfessel wurde in der frühen Neuzeit auch oft im Bild dargestellt, z. B. auf einem Holzschnitt in Sebastian Brants Narrenschiff und auf dem Spottblatt «Der Jungfrauen Narrenseil», das um 1560 gedruckt wurde und weit verbreitet war.

Bereits im 18. Jahrhundert konnte man *führe mich nicht am Narrenseil* sagen für «täusche mich nicht». In Lorenz Hübners vaterländischem Schauspiel «Hainz vom Stain der Wilde» von 1782 sagt der Held Hainz zu einem Alten: «Täuschen sollst du mich nicht, Alter! oder mit eitler Hoffnung am Narrenseil füren.»

Die 1960 geborene Rostocker Autorin Carola Herbst braucht die Redensart in ihrem historischen Roman «Graf Robert von Paris». Dort sagt eine Figur, er habe eine Rolle nur gespielt, um einen andern «aufs Eis zu führen, nicht aber, um mich von ihm am Narrenseile führen zu lassen». Heute ist *am Narrenseil führen, am Narreseili desumefüere* zwar noch allgemein bekannt, aber weniger geläufig als *zum Narren halten, zum Narre haa*.

Die Mundartform ist belegt z. B. im Zürichdeutschen Wörterbuch *am Naaresäil abelaa, umefüere*, im Schaffhauser Mundartwörterbuch *am Naresäil abelòò, umefüere*, im Baselbieter Wörterbuch *am Naaresäil ùmmefüere*, im Pfälzischen Wörterbuch *am Narresääl erumfehre* und im Rheinischen Wörterbuch *änen am Narreseel fihren*.

Sich sälber a dr Nase nää

Sich sälber a dr Nase nää meint «die Schuld trifft einen selbst, die eigenen Fehler und Schwächen einsehen», z. B. *er mues sech sälber a dr Nase nää, das im d Frou isch dervogloffe.*

Die Redensart *sich sälber a dr Nase nää, sich a dr eigete Nase nää,* älter *sich sälber bi dr Nase nää, sich bi dr eigete Nase nää,* hatte in der Schriftsprache der frühen Neuzeit meistens die Form *sich bei der Nase nehmen* oder *sich selbst bei der Nase nehmen.* Heute lautet sie in der Schriftsprache meistens *sich an die eigene Nase fassen,* doch ist von den Mundarten her *sich bei der (eigenen) Nase nehmen* immer noch weit verbreitet.

Für die Redensart gibt es ab dem 16. Jahrhundert viele Belege, vor allem auch im religiösen Schrifttum und, bildlich dargestellt, in der religiösen Kunst. Dort steht sie oft für den Sinnspruch *nosce te ipsum* «erkenne dich selbst» und als Warnung, sich selbst zu prüfen, bevor man den Fehler bei andern sucht. In diesem Sinn fordert der evangelische Theologe Johann Hoffmeister in seiner Schrift «Predigt über die sonntäglichen Evangelien» von 1561 die Gläubigen auf:

«Gott der himlische Vatter geb und verleyhe / das wir ainest unns selbs / wie man zusagen pflegt / bey der nasen nehmen / und greiffen in unsern buesen / das wir besehen was aussen unnd inwendig ahn uns sey / und bessern unser leben.»

Der Ausdruck «wie man zusagen pflegt» zeigt, dass die Redensart damals in der gesprochenen Sprache allgemein bekannt war. Auch der Bamberger Weihbischof Jacob Feucht sagt in seiner Postilla Catholica von 1577, «dass ein jeder sich selbsten bey der nasen nehmen / erkennen und seinen nebenmenschen bleiben soll lassen.»

Der Reformator Martin Luther braucht die Redensart oft, meistens als Aufforderung an konfessionelle Gegner, sich selbst zu prüfen, bevor sie andere beschuldigen. In der Schrift «Von den Conciliis und Kirchen» von 1539 fordert er die Katholiken auf, «dass sie zuvor sich selbst bei der Nasen nehmen, und den Balken aus ihrem Auge ziehen». In Von der Winckelmesse und pfaffen weihe von 1534 sollen «die papisten sich bey der nasen nehmen».

Der Dichter und Diplomat Theobald Hock (1573–um 1620) bezieht die Redensart in einem Gedicht auf sich selbst:

«Ich hab mit mir selbst zschaffen /
Und bey der Nasen schon /
Mich selbst soll nehmen zLohn.»

Und auch Hans Jakob Christoffel von Grimmelshausens (um 1622–1676) Romanheld Simplex sagt zu sich selbst: «Simplex nimb dich selbst bey der Nasen.»

Heute steht *sich an die eigene Nase fassen* meistens als Aufforderung, den Fehler nicht bei anderen zu suchen. Die Badische Zeitung schreibt am 7. Oktober 2012 einen Artikel über eine, ihrer Ansicht nach, unnötige Niederlage des SC Freiburg II unter dem Titel «An die eigene Nase fassen». Am gleichen Tag betitelt die WirtschaftsWoche ein Interview über Gentechnik mit «Wir müssen uns an die eigene Nase fassen».

Die Redensart *sich sälber a dr Nase nää, sich an die eigene Nase fassen* wird in Handbüchern oft mit einem normannischen Rechtsbrauch in Verbindung gebracht. Wer einen anderen beleidigt hatte, musste sich beim öffentlichen Widerruf der Beleidigung mit der Hand an die Nase fassen. Ich halte eine Herleitung der Redensart von diesem Rechtsbrauch für sehr fragwürdig, denn der Rechtsbrauch und das

Auftauchen der Redensart liegen zeitlich weit auseinander. Es dürfte auch schwierig sein, zu erklären, weshalb sich just im deutschsprachigen Raum ein sprachlicher Reflex aus einem normannischen Rechtsbrauch findet.

Ich halte *sich bei der (eigenen) Nase nehmen* für ein Gegenstück zu *jemanden bei der Nase nehmen* im Sinne von «jemanden zur Rechenschaft, zur Verantwortung ziehen». Das Bild hinter der Redensart ist das Tier, sei es ein Bär oder ein Stier, das am Nasenring geführt wird. Die Redensart *jemanden bei der Nase nehmen* ist wie *sich an der Nase nehmen* seit dem 16. Jahrhundert oft belegt. Der Luthergegner Thomas Murner fordert in seiner Schutzrede von 1524 Luther auf:

«Du solltest deine Fürsten auch bei der Nasen rucken, sie haben's wohl viel höher denn vielleicht die andern verdient.»

Der Historiker und Theologe Zacharias Theobald berichtet in der Schrift «Hussiten Krieg» von 1621 über einen Universitätskonflikt in Prag und sagt in Bezug auf die Gegenpartei:

«Alsdann wollen wir sie recht bey der nasen nehmen / dass sie nach unserm / und wir nit nach ihrem willen leben müssen.»

Der Barockprediger Abraham a Sancta Clara schreibt in Judas der Erzschelm vom Ende des 17. Jahrhunderts, «nunmehr kann man dem Teufel den Trutz bieten, ihn auslachen, ja gar foppen und bei der Nase ziehen».

Die Beispiele liessen sich unschwer vermehren und sie zeigen, dass man sowohl andere als auch sich selbst bei der Nase nehmen, ziehen oder rücken kann. Die Redensarten *jemanden bei der Nase nehmen* und *sich bei der Nase nehmen* gehören zusammen und meinen im weitesten Sinn «jemanden bzw. sich selbst in die Pflicht nehmen». Das Bild des am Nasenring geführten Tiers steht auch hinter der veralteten Redensart *öpperem d Nase hindere haa* «jemanden zurückbinden, in die Schranken weisen». Wir können ja heute noch *öpper a dr Nase desumeführe, jemanden an der Nase herumführen,* wenn wir ihn täuschen oder irreführen. Diese Redensart ist verwandt mit *öpperem e Nase trääie, öpperem e längi Nase mache* «jemanden zum Narren halten», die beide auf eine Spottgebärde zurückgehen.

Sich sälber a dr Nase nää ist belegt z. B. im Zürichdeutschen Wörterbuch *si sälber a der Naase nèè*, im Schaffhauser Mundartwörterbuch *dä söll si no a dr aagne Nase hebe*, im Innerrhoder Dialekt *chaascht di sölb be de Nase neh*, im Obwaldner Mundart-Wörterbuch *chaisch di a dr Nasä nä*, im Alemannischen Wörterbuch der süddeutschen Alemannen *zupfe iich an eiere eigene Nas* und im Rheinischen Wörterbuch *et soll jeder sei eige Naas zoppe*.

Ööl am Huet haa

Er het Ööl am Huet, seltener *er het Ööl a dr Huetschnuer* meint «er ist angetrunken» oder «er ist betrunken», z. B. *Chrischte het geschter wider sövu Ööl am Huet ghaa, das er di ganzi Straass het bbruucht, won er isch heichoo.*

Unter den vielen Redensarten, die das Angetrunken- oder Betrunkensein bezeichnen, wie *er het z töiff i ds Glaas gluegt, er het en Aff, er het e Balaari, er het e Tägel, er het e Tirggel, er het e Zägge* klingt *Ööl am Huet haa* etwas seltsam, weil von Öl die Rede ist und nicht von Wein oder Schnaps. Das Zürichdeutsche Wörterbuch erklärt denn auch etwas verschämt, die Redensart sei offenbar eine Umformung von hochdeutschem *einen Aal haben,* was nicht erklärt, weshalb der umgeformte Aal am Hut sein soll.

Eine zweite Erklärung geht davon aus, dass Bauern einst ihre Ölfrüchte zum Mahlen in die Ölmühle trugen. Beim Warten auf das gepresste Öl hätten sie im Wirtshaus über den Durst getrunken, deshalb sei ihnen beim Nachhausewanken etwas Öl aus dem geschulterten Fässchen an den Hut geschwappt. Diese Geschichte ist wohl eher nachträglich konstruiert worden, um die Redensart zu erklären, als dass sie zur Redensart geführt hätte.

Noch im 19. Jahrhundert war Öl allgegenwärtig. Man wendete viele Arten von Öl in der Medizin an, liess seine Ölfrüchte, meist Nüsse und Kerne, in der *Ööli* mahlen, brauchte das Öl in der Küche und vor allem verbrannte man Öl in den Öllampen, den *Funzle* oder *Tägle*. Deshalb kommt Öl auch in Redensarten vor, die nichts mit übermässigem Alkoholkonsum zu tun haben:

Wer dumm dasteht, *steit daa, wi wen er ds Ööl verschüttet hätt,* wer bei jemandem in Ungnade fällt, hat bei ihm *ds*

Ööl verschüttet, wer sich ärgert, sagt *das isch zum Haaröölseiche* und im Luzernischen behauptete man: *Wen einen im Winter chönt buechigi Schiter schiisse und Ööl brünzle, so wär er riich gnueg.*

Nimmt man den Wortschatz des Trinkens unter die Lupe, fällt auf, dass auch hier sehr oft von Öl die Rede ist: *Ds Guurgeli ööle* sagt man für «trinken», *Kuurvenööl* für Schnaps, *Ööl uf d Lampe schütte,* hochdeutsch *Öl auf die Lampe giessen,* für «über den Durst trinken», *aagöölet* für «angetrunken» und eben *Ööl am Huet* oder *Ööl a dr Chappe haa* für «angetrunken oder betrunken sein».

Mit dem Wort *Ööl* konnte man im übertragenen Sinn nicht nur den Schnaps, sondern auch den Wein bezeichnen. *E guet Ööl* nannte man im Schaffhausischen einen guten Wein, und der Wiesentaler Johann Peter Hebel (1760–1826) dichtete über einen guten Tropfen: «Goht er nit wi Baumöl i?» Weil die Trauben wie die Ölfrüchte gepresst werden, besangen deutsche Dichter das «Öl der Trauben» und der Schriftsteller August Friedrich Ernst Langbein (1757–1835) erzählt in Die schöne Jägerin von einem, der «mit geschäftiger Hand das Oel des Weines» in sich hineingiesst.

Vor diesem sprachlichen Hintergrund muss die Redensart *Ööl am Huet haa* erklärt werden; es braucht keine weit hergeholte Begründung, um das Wort *Ööl* zu erläutern. Das *Ööl* hat man *am Huet* oder *a dr Chappe,* weil einem der Alkohol in den Kopf, bildlich sogar in die Kopfbedeckung, gestiegen ist. Man kann ja auch *eim e Chappe aahänke* «jemandem einen Rausch anhängen», *gchäppelet sii* «einen Rausch haben» und *einen in der Krone haben* «einen Rausch haben».

Unter dem Titel «Unfallflucht mit reichlich Öl am Hut» berichtet die Badische Zeitung vom 18. Dezember 2012 von einem Unfall. *Ööl am Huet* ist aufgeführt z. B. im Berndeutschen Wörterbuch *er het Öl am Huet,* im Rheinwalder

Mundartwörterbuch *är hed Ööl am Huet,* im Obwaldner Mundart-Wörterbuch *Eel am Huäd ha,* im Senslerdeutschen Wörterbuch *Ööl am Huet haa* und im Alemannischen Wörterbuch der süddeutschen Alemannen *Eel am Huet ha. Ööl a dr Chappe haa* ist belegt im Baselbieter Wörterbuch *Ööl an der Chappe haa* und im Wörterbuch der elsässischen Mundarten *er het Öl a dr Kapp.*

Win en Öölgötz

Win en Öölgötz meint «starr und stumm, unbeweglich, teilnahmslos», z. B. *di isch dr ganz Aabe daa ghocket win en Öölgötz.*

Dass der *Ölgötz* ein Verwandter des *Maulaffen* ist, zeigt sich schon in einem frühen Beleg. Im Psalter wol verteutscht schreibt der Reformator und Luthergefährte Johannes Bugenhagen (1485–1558) über die Laienlehre:

«Durchs wort gottes sol man die leyen leren / schuelen uffrichten / das auch der armen kinder mögen gelert werden / bey denen man offt geschickte gemüter findet / die müssen nun armuet halb verligen / unnd muess man der reychen / auch offt nichts dann maulaffen und ölgötzen / zue doktoren krönen.»

Ölgötz ist ein kirchensprachliches Fachwort, das in der Auseinandersetzung zwischen den Konfessionen während der Reformation und der Gegenreformation zu einem Schimpfwort wird. Der katholische Theologe Gregor Guetmayr spricht in seiner Kampfschrift «Von den gewiss, unfehlbarn Gemerck und Kennzeychen» von 1603 den Reformator Calvin mit «du heylloser Oelgötz» an.

Das Wort *Ölgötz* bezeichnet zuerst die mit Öl gesalbten Idole der Heiden, die nach christlicher Auffassung nicht von Geist erfüllt sind. Deshalb definiert Sebastian Franck in seiner Sprichwörtersammlung von 1541 den Ausdruck «ein rechter ölgötz» als «corpus sine pectore», also als Körper ohne Seele und Geist. In seinem Buch «Tuba Rustica» von 1701 erzählt der Barockprediger Christoph Selhamer, wie der Römer Longinus, der spätere Heilige Longinus, in Rom die heidnischen Idole zerstört. Longinus macht das Kreuzzeichen über sich und seine Hacke, erzählt Selhamer, dann schlägt er mit der Hacke zu, «haut den Oelgötzen ihre Köpf / Händ und Füss hinweg / zerschmettert alle Stöck und Blöck / haut ein Stuck hin / das ander her / zertrümmert alle an der stadt. Die Teuflen / so unter den Oelgötzen gesteckt / heben an zu heulen / wie Flödermäuss herum zu flodern / welche aber vom H. Mann mit seim H. Creutz völlig verjagt worden».

Von den Reformatoren wurde die Bezeichnung *Ölgötz* dann übertragen auf alle Heiligenfiguren, die sie nicht mehr in der Kirche haben wollten. Der Zürcher Reformator Huldrych Zwingli meint die Heiligenbilder der Katholiken, wenn er im Jahr 1525 sagt:

«Lass in gotznamen die ölgötzen dennen tuon und das volck gottes zuo dem einigen (einzigen) gott louffen, so darfst nit sorg haben, sy werdend weder die heligen für gött haben, noch die götzen in irem namen mit kertzen und röucken muslig (schmutzig) machen.»

In Erklärungsversuchen zum Wort *Ölgötz* wird oft behauptet, das Wort bezeichne ursprünglich nur Figuren, welche die Apostel am Ölberg darstellen, weil die dort geschlafen und Christus in seiner Not allein gelassen haben. Dieses Argument stützt sich vor allem auf Johann Leonhard Frisch, der in seinem Teutsch-Lateinischen Wörter-Buch von 1741 unter dem Stichwort «Oel-Götz» die «steinernen oder hölzernen Bilder am geschnitzten Oelberg» erwähnt. Frisch leitet den Ölgötz-Abschnitt aber ein mit den Worten «es ist ein Bild ohn alle Gnad, corpus sine pectore» und meint damit alle unbeseelten Figuren.

Die Bezeichnung *Ölgötz,* die also zuerst das heidnische Idol bezeichnete, in der Reformation dann von protestantischer Seite alle unerwünschten katholischen Heiligenfiguren betraf und zugleich zum Schimpfwort wurde, kommt zu ihrer heutigen Bedeutung von jemandem, der stumm und teilnahmslos ist, weil der *Ölgötz* nicht von Geist erfüllt, d. h.

innen hohl ist. Dass in gewissen deutschen Mundarten der Stock, an den man die Öllampe hängt, *Ölgötz* genannt wurde, ist eine sekundäre Entwicklung und hat mit der Bedeutung in der Redensart nichts zu tun. Das Zitat von Bugenhagen am Anfang dieses Textes zeigt, dass *Ölgötz* bereits in der ersten Hälfte des 16. Jahrhunderts im Sinn von «Dummkopf» gebraucht werden konnte.

Der Ausdruck *win en Ölgötz, wie ein Ölgötz* ist bis heute geläufig. Literarisch geworden ist er z. B. in der Vierten Legende von Johann Karl August Musäus (1735–1787) «Steffen stund da wie ein stummer Oelgötz», im Roman «Anne Bäbi Jowäger» von Jeremias Gotthelf (1797–1854) «stand da wie ein Ölgötz, der nicht reden kann, und dem kein vernünftiger Mensch einen Gedanken zutraut» und im Kriminalroman «Der Chinese» von Friedrich Glauser (1896–1938) «Hocked doch nicht da wie ein Ölgötz!». *Elgetz* mit entrundeten Vokalen ist sogar ein Familienname geworden.

Die Mundartform ist belegt z. B. im Berndeutschen Wörterbuch *wi nen Ölgötz* «regungslos», im Zürichdeutschen Wörterbuch *daastaa wie en Öölgötz* «steif und stumm», im Rheinwalder Mundartwörterbuch *är steit daa wie en Öölgötz* «steht ratlos da», im Bödellitüütsch Wörterbuch *stand nid daa wie nen Öölgötz* und im Baselbieter Wörterbuch *er stoot doo wien en Öölgötz ünd wäiss si nid z hälffe*.

Bis über d Oore

Bis über d Oore meint «ganz, sehr, viel», z. B. *er het bis über d Oore z tüe* oder *si hocket i de Schulde bis über d Oore*.

Wenn wir heute sagen *er isch bis über beidi Oore verliebt,* übertragen wir eine jüngere hochdeutsche Redeweise in die Mundart, denn das Wort *verliebt* ist der traditionellen Mundart fremd. Der Ausdruck *bis über beide Ohren* bzw. *bis über die Ohren* gepaart mit *verliebt* ist erst seit der Zeit um 1800 belegt. In der Erzählung «Klein Zaches» (1819) von E. T. A. Hoffmann sagt Fabian zu Balthasar: «Dass du bis über die Ohren verliebt bist in des Professors niedliches Töchterlein, das wissen wir alle längst.» Der Ausdruck *bis über die Ohren* steht hier für «sehr, ganz». Dieselbe Bedeutung hat *bis über die Ohren* im Schauspiel «Der Hofmeister» (1744) von Jakob Michael Reinhold Lenz, wenn Fritz sagt: «Pätus, auf meine Ehr, es ist nicht Heimweh, du machst mich bis über die Ohren roth mit dem dummen Verdacht.» *Bis über die Ohren* ist in diesen Beispielen nur noch ein verstärkender Ausdruck, der seine Bildkraft verloren hat.

Die ältere, seit dem 16. Jahrhundert reich belegte Variante der Redensart lautet nämlich *bis über die Ohren in etwas stecken, liegen, versenkt sein* oder *sitzen,* wobei etwas Bedrängendes, Widerwärtiges, Bedrückendes gemeint ist. Das Bild hinter der Redensart ist der bis zum Scheitel im Sumpf oder im Morast steckende Mensch. Die Redensart war vor allem im religiösen Schrifttum weit verbreitet, denn sie eignete sich hervorragend dazu, den sündigen Menschen darzustellen. Der Reformator Martin Luther (1483–1546) schrieb von der Welt, «die lieget in Sünden bis über die

Ohren», wobei die Welt selbst ja keine Ohren hat. Er behauptete zudem, «der Papst steckt auch in solch einer Sünde bis über die Ohren, mit all seinem Anhang», und klagte, «ich stecke itzt in Arbeit bis über die Ohren, und quäle und püffle mich».

Bis über die Ohren steht für den ganzen Körper wie die Ausdrücke *von Kopf bis Fuss* oder *vom Scheitel bis zur Sohle*. Das wird deutlich in der Offenbarung Göttlicher Majestat von 1675 des schwäbischen Autors Aegidius Gutmann, der dem Leser vorwirft, er stecke «von Fuss Sohlen bis uber die Ohren» in groben Irrtümern. Auch der Barockprediger Abraham a Sancta Clara braucht den Ausdruck *bis auf die Ohren*, um zu sagen, wie weit ein Mensch eingetaucht ist, wenn er in Judas der Erzschelm vom Ende des 17. Jahrhunderts einen feurigen Fluss schildert, «worinnen etliche versenkt waren bis auf die Ohren, etliche bis auf den Hals, etliche bis auf die Hälfte des Leibs».

Dieses auf den menschlichen Körper bezogene Mass verliert in den frühen Belegen nie seinen konkreten Bezug, z. B. wenn Erasmus Alberus in einem Dialog von 1548 von den Fürsten sagt, sie lägen «selbst tieff imm schlamm / under den Wuochern biss uber die ohren», in einer Schrift von 1650 «in Schulden biss über die Ohren versenckte Unterthanen» erwähnt werden, Prokop von Templin im Mariale Consinatorium von 1667 behauptet, «dass wir voller Mängel / Elend / Mühseligkeit stecken biss über die Ohren», und Columban Habisreutinger in der Nachfolgung Christi von 1744 dichtet: «Da wir bis über d'Ohren schier / Versincken in den Sünden.»

In der traditionellen Mundart hat *bis über d Oore* stets mit Ominösem zu tun, mit Pech, Schwierigkeiten, Schulden. Deshalb reicht es zu sagen *si isch im drin bis über d Oore*, um zu wissen, dass Ungutes im Spiel ist. Auch wer *bis über d Oore z tüe* hat, ist im Stress, wie man heute eher sagt. *Der steckt im Dreck bis über d Ohre,* lese ich im Schwäbischen Handwörterbuch, mit der Bemerkung «hat Schulden, ist in Verlegenheit». Die Breisgauer Mundartautorin Hermine Villinger schrieb in ihrem Roman «Die Rebächle» von 1910: «*Und isch der Bauteufel in ihn g'fahre. Bums, sind wir in Schulde g'sesse bis über d' Ohre.*» Aber bei ihr findet man im selben Roman auch jene Wendung der Redensart *bis über d Oore* ins Positive, verbunden mit dem Wort *verliebt* – «*'s Unnützle isch verliebt bis über d' Ohre*» –, die heute so geläufig ist und die so gar nicht ins ursprüngliche Bild eines im Morast steckenden Menschen passen will.

Übrigens kann man auch eine Kappe *bis über d Oore* zie, nur ist da von oben nach unten gemeint und nicht von unten bis oben. Aber das ist eine andere Geschichte, zu der Rudolf von Tavel einen Beleg liefert in seinem Roman «Jä gäll, so geit's!» von 1901, in dem von Herrn Landorfer gesagt wird:

«*Der Hals isch bis a d'Nase-n-ufe-n-i sydigi* foulards *ygwigglet gsi, und der Chopf het bis über d'Ohre-n-abe-n-e vierkanntigi, blüemeleti, schpitzi Nachtchappe deckt.*»

Vom Pontius zum Pilatus louffe

Vom Pontius zum Pilatus louffe meint «für eine Sache viele Wege machen müssen, von einer (amtlichen) Stelle zur anderen geschickt werden», z. B. *bis i äntlech das Formulaar ha ghaa, han i vom Pontius zum Pilatus müesse louffe.*

Die Redensart *von Pontius zu Pilatus laufen* bzw. *von Pontius zu Pilatus schicken* ist im ganzen deutschsprachigen Raum bekannt. Nur kann man nicht von Pontius zu Pilatus laufen, denn der römische Präfekt Pontius Pilatus in der Provinz Judäa war ja eine Person. *Von Pontius zu Pilatus* erweist sich denn auch als Umformung, möglicherweise als Verballhornung von ursprünglichem *von Herodes zu Pilatus*. Die Redensart hat ihren Ursprung in der Leidensgeschichte Christi, in der Christus von einer Instanz zur anderen geschickt wird. Johann Weidner zeichnet in seiner Schrift «Glaubiger Kinder Gottes Creutz-Schule» von 1714 diesen Weg, der beim Oberpriester Hannas beginnt, genau nach:

«Von Hanna zu Caiphas: von Caipha zu dem Richthaus Pilati: von Pilato zu Herodes: von Herode wieder zu Pilato: und endlich von Pilati Richthaus auf den Berg Golgatha. So heisset er je billich der Hingehende: denn sein gantzes Leben ist nichts anders als ein Hingang zu seinem Tod.»

Dem Publikum mittelalterlicher Passionsspiele wurde das Hin und Her zwischen Herodes und Pilatus sehr augenfällig vorgeführt, denn auf der Bühne stand auf der einen Seite der Palast von Herodes, auf der anderen Seite derjenige von Pontius Pilatus. Christus musste also wiederholt von der einen Seite der Bühne zur anderen gehen. Schon früh entwickelte sich deshalb *von Herodes zu Pilatus gehen* bzw. *von Herodes zu Pilatus gewiesen werden* zu einer

Redensart. Belegt ist sie z. B. in einem Schauspiel des jesuitischen Autors Franz Callenbach (1663–1743), in dem eine Figur sagt: «Da wird man von Herodes zu Pilato gewiesen / von Annas zu Caiphas.» Johann Heinrich Campe erklärt in seinem Wörterbuch der deutschen Sprache von 1808 *von Herodes zu Pilatus schicken* mit «ihn ohne Noth, ohne vernünftigen Zweck und mit Zeitverlust von einem zum andern, von einem Orte zum andern in irgend einer Angelegenheit schicken». Die Redensart ist auch in anderen Sprachen belegt, z. B. im Italienischen *mandare da Erode a Pilato,* im Slowakischen *od Herodesa k Pilatovi posýlati* und in etwas anderer Form im Französischen *renvoyer de Caïphe à Pilate.*

Weshalb *von Herodes zu Pilatus laufen* bzw. *schicken* abgewandelt wurde zu *von Pontius zu Pilatus laufen* bzw. *schicken,* lässt sich nicht mit letzter Sicherheit sagen. Einige vermuten eine Verballhornung, die im Zusammenhang steht mit dem Brauch, jemanden in den April zu schicken. Bereits früh wurde vermutet, dass dieser Brauch seinen Ursprung im Passionsspiel habe, das ja auch im März oder April aufgeführt worden sei. Johann Theodor Jablonski schreibt in seinem Lexicon der Künste und Wissenschaften von 1748:

«Einen nach dem April schicken, ist eine bekannte kurtzweil, die man am ersten tage dieses monats zu treiben pflegt, und deren ursprung einige von dem umherschicken des Heilandes von Herode zu Pilato, bey seinem leiden; andere von dem heydnischen fest, so dem abgott des lachens gewidmet gewesen, herleiten.»

Wer so argumentiert, bewegt sich jedoch auf dünnem Eis, denn der früheste Beleg der Redensart *von Pontius zu Pilatus verwiesen werden* kann nicht als Verballhornung aufgefasst werden. In einem Brief vom 5. August 1643 an Johann von Werth, Reitergeneral im Dreissigjährigen

Krieg, beschreibt ein kurbayerischer Feldkaplan, er sei bei einer Angelegenheit am kaiserlichen Hof «gleich wie Christus der Herr von Pontio zu Pilato und alsdann zu Caipha verwiesen worden». Auch der Theologe Jordan Simon gebraucht in seinen Sittlichen Reden von 1767 die Redensart in einem Zusammenhang, der jede Komik ausschliesst, wenn er schreibt, wie der einfache Landmann «kein Gehör findet, von Pontio zu Pilato geschicket, von einem Richter-Stuhl zu dem anderen geschleppet» werde. Dasselbe gilt für die Formulierung «von Pontio zu Pilato gewiesen werden», die Johann Heinrich Pestalozzi in seiner Schrift «An die Unschuld» von 1815 verwendet.

Der an sich absurde Ausdruck *von Pontius zu Pilatus* hat sich vielleicht unter dem Eindruck der oft gehörten und oft gesprochenen lateinischen Formel *sub Pontio Pilato* «unter Pontius Pilatus» des Glaubensbekenntnisses entwickelt und besser gehalten als *von Herodes zu Pilatus*, weil er einen Stabreim enthält, da *Pontius* und *Pilatus* denselben Anlaut haben.

Vom Pontius zum Pilatus louffe oder *schicke* ist heute noch geläufig. Im Hochdeutschen wird die Redensart ab und zu verwendet, so gibt 20 Minuten einem Artikel über Whistleblowing vom 21. Dezember 2011 den Titel «Sollen sie von Pontius zu Pilatus rennen?». Auch im Niederländischen kennt man *iemand van Pontius naar Pilatus sturen*. Mundartformen sind belegt z. B. im Wörterbuch der schweizerdeutschen Sprache *vom Ponzi zum Palaati lauffe* für das Prättigau, im Wörterbuch der elsässischen Mundarten *vom Pontius zuem Pilatus gen*, im Pfälzischen Wörterbuch *vun Pontius zu Pilatus,* im Rheinischen Wörterbuch *van Pontius no Pilatus lofe* und im Luxemburger Wörterbuch *e leeft vu Pontius zu Pilatus.*

Dr Ringgen iitue

Dr Ringgen iitue meint «fest in die Zucht nehmen, in die Schranken weisen, kleinkriegen», z. B. *wen er mer no einisch eso blööd verbichunt, tuen im de dr Ringgen ii*. In Gotthelfs Roman «Die Käserei in der Vehfreude» sagt ein Bub über diejenigen in der Käserei, die er wegen Unredlichkeit verdächtigt: «Sei er mal erwachsen, so wolle er dem Ammann und den andern Grossgrinde den Ringgen eintun, dass sie nach Gott schrien.»

Ringge, hochdeutsch *Rinken,* ist bereits im Althochdeutschen des frühen Mittelalters belegt als *ringa* mit *rinka* als verwandtem Wort im Altsächsischen. Es ist eine Weiterbildung von *Ring*. Im Oberdeutschen war *Rinken* bis ins 19. Jahrhundert geläufig, heute ist das Wort weitgehend verschwunden. Es bezeichnete in der Regel die Schuh- oder Gürtelschnalle mit *Dorn,* den man ins Loch des Lederbandes steckt, und starke eiserne Ringe an Zuggeschirren, Toren und Truhen, z. B. die *Rinken* an der Bundeslade der Juden. Schnallenmacher bezeichnete man als *Rinkenmacher* und Schnallenschuhe als *Rinkenschuhe,* die man *rinkte* beim Schliessen.

Der *Ringge* war also in früherer Zeit ein oft benützter Alltagsgegenstand. In der Basler Chronik von 1580 erzählt Christian Wurstisen, dass sich die Basler die Jahrzahl des grossen Erdbebens MCCCLIIIIII (1356) mit folgendem Spruch gemerkt haben: «Ein Rinck mit seinem Dorn (M), drey Hufeisen ausserkorn (CCC), ein Beihel (Beil L) der sechss Krügen zal (IIIIII), da verfiel Basel uberal.» Der Merkspruch verbindet jedes römische Zahlzeichen mit einem Gegenstand aus dem Alltagsleben, der eine gewisse Ähnlichkeit mit dem Zeichen hat.

In der Redensart *dr Ringgen iitue* meint *Ringge* die Gürtelschnalle. Das Verb *iitue* bezeichnet allgemein das Schliessen von Kleidern mit Haften, Knöpfen, Nestel oder Gürtel. Seit der frühen Neuzeit meint das *Iitue* von Kleidern, verstanden als enges Zuzerren, im übertragenen Sinn «zurechtweisen, in (enge) Schranken weisen, kleinkriegen». Deshalb ist *dr Ringgen iitue* eine von verschiedenen *iitue*-Redensarten mit derselben Bedeutung. Eine Zürcher Quelle aus dem Jahr 1675 hält fest:

«Ehrengedachte Herren habend […] einhellig befunden, dass […] den Meistern Kupferschmiden der Gurt gar zue eng yngethan und sie sich nicht ohne Grund beschweren.»

Belegt ist ausserdem *de Bundrieme iitue, d Häftli iitue* und *d Chnöpf iitue*. In einem Zürcher Ehegerichtsprotokoll von 1541 heisst es von einem in Scheidung befindlichen Ehepaar, dass sie «eynnander die nestel ynthun weltind, das Got erbarmen möchte». Zudem *d Näht iitue* und *d Chämmen iitue,* wobei *Chämme* ein hölzernes Halsband bezeichnet, das man eigentlich für Tiere braucht. Einem, der den Gehorsam verweigert, kann man zurufen: *Dir will i de d Chämme scho iitue!*

Mit *Ringge* ist belegt *dr Ringgen iitue, dr Ringgen änger iitue, dr Ringge baas iitue, dr Hoseringgen iitue*. Ähnliche Bedeutung wie die Redensart *dr Ringgen iitue* hat das Verb *ringge*. Eigentlich meint es «eine Schnalle schliessen», im übertragenen Sinn aber «in Zucht nehmen, kurz halten». Von einem schwierigen Burschen, der in strenge Hände geriet, konnte man sagen: *Die wäärde ne de scho ringge.* Auch die abgeleitete Form *ringgle* meint im übertragenen Sinn «einen kräftig packen, rütteln und schütteln, um ihn zurechtzuweisen». Als Kind wurde ich hin und wieder *gringglet*. Man kann auch jemanden *am Ringge nää* oder *am Ringge packe,* wenn man ihn zu Boden werfen will. Im übertragenen Sinn meint *am Ringge nää* «hart anfassen».

Aus diesem grossen Feld der Ausdrücke des Zurechtweisens, die mit dem Verb *iitue* und dem Wort *Ringge* verbunden sind, ist nur *d Chnöpf iitue* heute noch geläufig. Hochdeutsches *den Gürtel enger schnallen* gehört nicht hierher, denn es meint «sich in seinen Bedürfnissen einschränken».

Belegt ist *dr Ringgen iitue* z. B. im Berndeutschen Wörterbuch *däm wei mer der Ringgen ytue* und im Zürichdeutschen Wörterbuch *äim de Ringge iitue*.

E guete Rutsch

E guete Rutsch meint «ein gutes neues Jahr», wobei der Wunsch in dieser Form nur bis vor Mitternacht in der Silvesternacht ausgesprochen wird. Ab dem Neujahrstag wünscht man sich *es guets Nöis*.

Weil wir den Neujahrswunsch in der Form *e guete Rutsch* nur vor dem Anbruch des Neujahrstags brauchen, ist offensichtlich, dass wir *Rutsch* als das Hinüberrutschen vom alten ins neue Jahr auffassen. Darauf weisen auch die Wunschformeln *rütsch guet übere* oder *rütschet guet übere*. Unterstützt wird diese Interpretation durch die Tatsache, dass *rütsche, rutsche* auch die Bedeutung «gehen» oder «reisen» haben kann: «*Der Edi, de Mordio-Dubel, isch richtig uf Winterthur g'rutscht*», heisst es in einer Geschichte zum Schützenfest von 1895 in Winterthur. In vielen Mundarten sind die Ausdrücke *non e Rutsch nää* «die nächste Wegstrecke gehen» und *es het wider e Rutsch ggää* «wir sind wieder ein Stück vorwärtsgekommen» belegt.

Die Erklärung von *e guete Rutsch* scheint also einfach, nur wird sie in dieser Form von vielen vehement bestritten. Sie behaupten, der Neujahrswunsch gehe auf den jiddischen Ausdruck *Rosch ha-Schana* zurück. Er bedeutet so viel wie italienisches *capo d'anno*, nämlich «Kopf bzw. Anfang des Jahres». Der Zusammenhang von *guter Rutsch* und *Rosch ha-Schana* wird auch auf unzähligen Internetseiten behauptet, jedoch nirgends belegt.

Geht man der Sache nach, zeigt sich im Wörterbuch des Rotwelschen von Siegmund Wolf, dass jiddisches *rosch* «Haupt, Kopf» in der alten Gaunersprache in verschiedenen Zusammenhängen gebraucht wurde. *Roscheren* nannte man den Bürgermeister, *Roschfewwerer* den Barbier. Der

Ausdruck *rosch abmacheyen* bezeichnete das Köpfen. Weil einige Wörter jiddischen Ursprungs aus dem Rotwelschen in die Umgangssprache gerutscht sind, wie z. B. *Tschugger* und *Schmier* für «Polizist, Polizei» und *Moos* für «Geld», wäre das auch für *rosch* in der Form von *Rutsch* möglich. Wolf behauptet denn auch, aus *Rosch ha-Schana* sei «das sonst sinnlose» *guten Rutsch* entstanden, jedoch ohne einen Beleg für die Entstellung von *rosch* zu *Rutsch* anführen zu können. Wolfs Behauptung ist deshalb mit schlagenden Argumenten längst widerlegt. Auch von jüdischer Seite ist mir brieflich bestätigt worden, dass zwischen *e guete Rutsch* und *Rosch ha-Schana* kein Zusammenhang bestehen kann.

Zieht man Mundartwörterbücher zu Rate, zeigt sich, dass *Rutsch* in vielen Mundarten die Bedeutung «Reise» haben kann. Das Elsässische Wörterbuch schreibt: «Wenn jemand eine Reise unternimmt, wünscht man ihm *ne glückligi Rutsch (un e Pflatschreege uf dr Buckl)*.» In Ostpreussen scherzte man, wenn einer auf eine Reise ging: *Glöckliche Rutsch ön e Paar Parêsken (Bastschuhe) op e Weg*. Im Bairischen ist ein *Rutscher* «eine kurze Reise, ein Abstecher». Das Luxemburgische Wörterbuch erklärt, dass *glecklech Rutsch* ganz einfach «glückauf» heisst. Beides ist also im *guten Rutsch* seit langem enthalten, der Wunsch und das Reisen, also auch das bildliche Reisen vom alten Jahr ins neue.

Guter Rutsch und *e guete Rutsch* ist in der Schriftsprache und in den Mundarten geläufig. Im Jahr 2011 schrieb die Belegschaft des Murtenbieters ihren Leserinnen und Lesern: «Wir wünschen einen guten Rutsch.» In der Mundart ist die Redensart belegt z. B. im Baselbieter Wörterbuch *e guete Rùtsch,* im Innerrhoder Dialekt *en guete Rotsch,* im Pfälzischen Wörterbuch *gude Rutsch* und im Wiener Dialektlexikon *guten Rutsch in s Neue Jahr!*

Schlegel a Wegge

Schlegel a Wegge meint «Schlag auf Schlag, rasch, unverzüglich», z. B. *jetzt gönd er aber Schlegel a Wegge is Bett* oder *mached vorwerts, jetz mues es Schlegel a Wegge goo*.

Schlegel a Wegge, älter auch *Schlegel no Wegge,* ist eine typische Ostschweizer Redensart, die aber auch im Berndeutschen Wörterbuch steht. Den sachlichen Hintergrund dazu liefert die Holzfällerarbeit oder das Spalten von Baumstämmen. Ein *Schlegel* ist ein grosser Hammer mit einem langen Stiel; seine Bezeichnung ist abgeleitet vom Verb *schlagen*. Ein *Wegge* ist ein Spaltkeil. Er ist entweder ganz aus Eisen oder er hat eine eiserne Schneide und einen hölzernen Hals, der mit einem Spannring vor dem Zersplittern gesichert ist. Die Bezeichnung *Wegge* ist ein aus dem Urgermanischen stammendes Erbwort mit Verwandten im altnordischen *veggr* und im englischen *wedge,* beide mit der Bedeutung «Keil». Das bekannte Brötchen aus Weissmehl nennen wir *Wegge* oder *Weggli,* weil es eine keilförmige Vertiefung hat.

Will man, dass ein zu fällender Baum in eine bestimmte Richtung fällt, sägt man den Stamm von der Seite an, die der Fallrichtung entgegensteht. Ist der Stamm weit genug eingesägt, treibt man mit kräftigen, raschen Schlegelschlägen einen oder mehrere Keile in die Sägespur, bis der Baum fällt. Auch grosse Holzstücke spaltet man mit *Schlegel* und *Wegge*. Deshalb meint *Schlegel a Wegge* das geschickte, rasche Hineintreiben des Keils mit Schlegelschlägen und im übertragenen Sinn dann «Schlag auf Schlag, rasch, unverzüglich».

Schlegel a Wegge entwickelte sich nicht isoliert, sondern im Umfeld von anderen Redensarten, die von der Arbeit mit *Schlegel* und *Wegge* ausgingen. *Mit Schlegel und Wegge* hiess «mit Gewalt, mit allen Mitteln», z. B. *me mues es mit Schlegel und Wegge us em usebrätsche* oder *si het Schlegel und Wegge bbruucht, zum de Maa überchoo. Da nützt weder Schlegel no Wegge* hiess «da ist alle Mühe vergeblich». In der alten Schriftsprache meint *Schlegel nach Weggen gehen lassen* «auf die Tat die Strafe folgen lassen» bzw. «mit Gewalt strafen». Diese Redensart wird auffällig oft verwendet, wenn von der Milde oder Härte Gottes die Rede ist. So schreibt der Luzerner Dramatiker Hans Salat (1498–1561), Gott warne den Menschen mit Strafe und Plage; «so das dan nüt erschiessen mag und sin güete nit wil verstan, denn lat er schlegel nach weggen gan – wenn das dann nichts nützt und wenn man seine Güte nicht verstehen will, lässt er Schlegel nach Weggen gehen». Von all diesen Redensarten ist bis heute nur noch *Schlegel a Wegge* geläufig. Im zürcherischen Egg gab es bis vor kurzer Zeit sogar einen «Schlegel a Wegge Imbiss», der in amtlichen Urkunden hartnäckig «Schlegel-à-Wegge» geschrieben wurde, also ein wenig à la française, obwohl nichts Französisches an diesem Ostschweizer Mundartausdruck ist.

Ähnlich wie *Schlegel a Wegge* wurde die ältere Redewendung *Vogel über Tach* verwendet. Sie meint, dass etwas so rasch vollzogen ist, wie ein Vogel über ein Dach fliegt. *Das gaat nüd Vogel über Tach* «das geht nicht so schnell bzw. so einfach», konnte man sagen.

Belegt ist *Schlegel a Wegge* z. B. im Zürichdeutschen Wörterbuch *das gaat Schlegel a Wegge,* in Innerrhoder Dialekt *Schlegl a Wegge* und im Schaffhauser Mundartwörterbuch *ietz gòòts Schlegel a Wegge*.

Im Schniider sii

Im Schniider sii meint «in einer schwierigen Situation oder in einer Notlage sein», z. B. *sider das im d Frou isch furtgloffe, isch er böös im Schniider*.

Das Gegenstück zu *im Schniider sii* ist die Redensart *us em Schniider sii* oder *us em Schniider choo* im Sinne von «eine schwierige Situation überwunden haben, wieder bessere Aussichten haben». *Im Schneider sein* und *aus dem Schneider sein* sind auch im Hochdeutschen geläufig. Sie sind weit verbreitet als Ausdrücke, die beim Karten- und Brettspiel verwendet werden.

Dass die Bezeichnung *Schniider* die Bedeutung «schwierige Situation, Notlage» haben kann, hängt damit zusammen, dass der Schneider in der Volksüberlieferung eine schlecht beleumundete, lächerliche Figur war. Er galt als armselig, schwächlich, feige, prahlerisch, verschlagen und geldgierig. Als typische Schneiderkrankheiten, hervorgerufen durch die sitzende Arbeitsweise, galten Hypochondrie, Verstopfungen und Brustkrankheiten.

Der Spott rührte nicht nur daher, dass der Schneider, wie der Schuster, ein niederer Handwerker war und eine Arbeit machte, welche nicht als männlich galt. Zu seinem schlechten Ruf dürfte beigetragen haben, dass er Männern und insbesondere auch Frauen auf den Leib rückte beim Massnehmen und beim Anprobieren von Kleidern. Er kam mit fremden Körpern auf eine Weise in Berührung, die als unschicklich galt. Das bringen Spottverse zum Ausdruck wie *de Schniider isch en Dieb, hät alli Mäitli lieb*. In verschiedenen Mundarten nannte man auch die Menstruation vulgär *Schniider*.

Der Schneider wurde zur häufigen Zielscheibe für Spott.

Seiner Schwächlichkeit wegen warf man ihm im Schnecken- und Lausspott vor, diesen Tieren unterlegen zu sein:
«Es het e Schnägg e Schniider gjagt,
u wär dr Schniider nid so gsprunge,
so hätt dr Schnägg dr Schniider gwunne.»
Oder:
«Es het e Schnägg e Schniider gjagt,
u wär nid e Floo derzwüsche choo,
de wär dr Schniider um ds Läbe choo.»
Viel schwerwiegender war der Schneider-Geiss-Spott, der so derb war, dass er von der Obrigkeit wiederholt untersagt wurde. Er beruhte auf dem verleumderischen Vorwurf, Schneider trieben Unzucht mit ihren Ziegen, den *Schniiderchüe*, sie seien *Geissbuhler*. Unser so harmlos klingendes *Schniiderli, Schniiderli, meck meck meck* geht auf diesen Spott zurück. Auch viele andere Anzüglichkeiten, die sich bis ins 20. Jahrhundert erhalten haben, zeugen von der weiten Verbreitung des Schneider-Geiss-Spotts:
«Hinderem Huus im Geissestall
Doo het de Schniider sii Hochzitsmaal.»
Aus Oberschwaben sind folgende Verse überliefert, in denen der Doppelsinn von *reiten* «reiten und Geschlechtsverkehr haben» ausschlaggebend ist:
«Der Schneider und die Geiss,
die machten eine Reis.
Der Schneider wollte reiten,
die Geiss, die wollt's nicht leiden,
die Geiss nimmt einen Seitensprung
und wirft den Schneider im Kuhdreck rum.»
Des Schneiders schlechte Reputation kommt auch zum Ausdruck in der Redensart *e Schniider i Himel lüpfe*, die man braucht, wenn zwei zufälligerweise dasselbe sagen. Der Schneider verdient es nicht, in den Himmel zu kommen, also muss ihn ein seltener Zufall in den Himmel he-

ben. Dasselbe gilt in der traditionellen Volksüberlieferung auch für den Juden, deshalb kann man auch sagen *e Juud i Himel lüpfe*.

Die Beurteilung und Verspottung des Schneiders in der traditionellen Volkskultur bildet demnach den Boden, auf dem die Redensarten *im Schniider sii* und *us em Schniider sii* bzw. *us em Schniider choo* entstehen konnten. Wahrscheinlich waren sie zuerst beim Karten- und Brettspiel gebräuchlich und wurden dann in einem allgemeineren Sinn gebraucht.

Über d Schnuer houe

Über d Schnuer houe meint «die Grenzen des Üblichen, Erlaubten auf unbekümmerte Weise übertreten», z. B. *di hei letschte Sunndig bim Feschte wider rächt über d Schnuer ghoue.*

Die Redensart *über d Schnuer houe,* seltener *näbet d Schnuer haiwe,* hochdeutsch *über die Schnur hauen* ist heute noch geläufig, sowohl in den Mundarten als auch in der Schriftsprache. In einem Gedicht auf der Homepage der Männerriege Strengelbach heisst es *«wenn d'Fründin pflännet: ich ha gnue / du hausch de ganz Tag über d Schnuer»* und die Oberländer Wochenzeitung aus dem Tirol berichtet am 26. Juni 2007 über unziemliches Verhalten an einem Feuerwehrfest: «Konkret sind tirolweit sechs Feuerwehrgruppen genannt, die besonders kräftig über die Schnur gehauen haben sollen.»

Über die Schnur hauen ist seit dem späten Mittelalter sehr gut belegt, und zwar in zwei Varianten, aus denen ersichtlich wird, woher die Redensart stammt. Der Nürnberger Büchsenmeister und Dichter Hans Rosenplüt (um 1400–1460) braucht sie in der heute noch gebräuchlichen Form, wenn er schreibt «das ir keiner getar über die snur hawen – dass keiner von ihnen über die Schnur hauen darf». Die Augsburger Handschriftenkopistin und Liederbuchschreiberin Clara Hätzlerin (um 1430–1476) braucht sie jedoch in einer heute verschwundenen Form, denn in einem ihrer Lieder heisst es «die mynnclichen ich da batt: hett ich mit worten an chainer statt den schnuorschlag überhawen, das sy und all rain frawen mir wolten das vergeben – da bat ich die Liebliche: hätte ich mit Worten an irgendeiner Stelle den Schnurschlag überhauen, dass sie und alle vollkommenen Damen mir verziehen». Die beiden Varianten *über die Schnur hauen* und *den Schnurschlag überhauen* weisen eindeutig auf die Zimmermannsarbeit.

Im Mittelalter sägte man Balken nicht auf den gewünschten Umfang, man schlug sie mit dem Beil zu. Wie weit man feinbebeilen durfte, zeichnete man mit einer Richtschnur an; *schnüere* nannte man das in einigen unserer Mundarten. Man tränkte die Richtschnur zu diesem Zweck in Russ- oder Graphitwasser, spannte sie über den Balken, hob sie in der Mitte hoch und liess sie dann niederschnellen. So entstand eine schnurgerade schwarze Linie, bis zu der geschlagen werden durfte. Was darüber hinausging, ging *über den Schnurschlag* oder *über die Schnur*. Deutlich macht diesen Zusammenhang Johannes Mathesius, der erste Lutherbiograf, in seiner Schrift «Sarepta oder Bergpostill» von 1571:

«Was das bleyscheid und rechte kirchenschnur unnd masz belanget, sollet jr wissen, das der propheten und apostel lere, unser richtschnur unnd bleywoge und rötelstein ist, darnach wir alle andere abrisz oder muster in der kirchen abmessen sollen, auff das wir bawleut nicht über dise Schnur hawen, oder den kirchenbaw nicht ungerad aufführen.»

Die Redensart «den schnür schlag über hauwen» findet sich nur noch ein zweites Mal bei Ebelin von Eselsberg um 1450. Bereits im 16. Jahrhundert kommt *über die Schnur treten* als dritte, heute ebenfalls verschwundene Variante auf. Sie ist gut belegt. Im Gallus cantans, d. h. im Singenden Hahn, von 1687 schreibt der Benediktiner Ignatius Trauner gegen den Hochmut und fragt:

«Heist nicht das über die Schnur tretten? Wider alles Gebot reden? Mehr aus sich machen als die Warheit erträget?»

In der Schrift «Gespräch eines Doctors in der Theologie» von 1738 lesen wir:

«Die Wachsamkeit und löbliche Strengheit der Obrigkeiten ermangelt nit diejenige zu straffen / so über die Schnur tretten.»

Das Bild, das hinter *über die Schnur treten* steht, ist nicht mehr die Richtschnur des Zimmermanns, sondern die Richtschnur des Gärtners oder des Strassenbaumeisters, über die man treten kann.

Im Buch «Die Weisheit auf der Gasse» von 1810 zeigt der Bischof von Regensburg Johann Michael Sailer, mit welchen Redensarten zu seiner Zeit «er hat zu viel gethan» ausgedrückt werden kann:

«Er hat über die Schnur gehauen. Er hat den Esel übergürtet. Er hat das Liedlein zu hoch angefangen. Er hat um eine Note zu hoch gesungen. Er hat die Armbrust überspannt. Er hat den Markstein übersehen. Der Hund hat ihm das Mass genommen. Er hat zu viel ins Glas gesehen.»

Über d Schnuer houe ist belegt z. B. im Baselbieter Wörterbuch *über d Schnuer haue*, im Zürichdeutschen Wörterbuch *über d Schnuer haue*, im Simmentaler Wortschatz *über d Schnuer houwe* und im Wörterbuch der elsässischen Mundarten *üwer d Schnuer haue*.

Eine ähnliche Bedeutung wie *über die Schnur hauen* hat *über die Stränge schlagen,* dem das übermütige Auskeilen der Zugpferde zugrunde liegt, die mit den Hinterhufen über die Riemen des Zuggeschirrs ausschlagen.

Wi am Schnüerli

Wi am Schnüerli meint «reibungslos, ohne Stockungen und Schwierigkeiten», z. B. *si isch wi am Schnüerli dür d Prüeffig choo.*

Die Redensart *wi am Schnüerli, wi am Schnüerli zoge*, hochdeutsch *wie am Schnürchen, wie am Schnürchen gezogen,* oft auch in den mundartlich gefärbten Formen *wie am Schnürl* bzw. *wie am Schnürle* ist vor allem im Süden des deutschsprachigen Raums geläufig. Im Schauspiel «Der Schweizerbund» von 1779 des Wattwiler Lehrers und Schriftstellers Johann Ludwig Ambühl fragt eine Figur: «Gehts nicht wie am Schnürlin?» Der Stuttgarter Hofprediger Karl Heinrich Rieger schreibt in seinen Betrachtungen über das Neue Testament von 1833 «es geht auch bey der Arbeit am Wort und Lehre nicht so Alles am Schnürlein». Karl Kraus (1874–1936) braucht die Redensart im Gedicht «Mir san ja eh die reinen Lamperln»:

«Der Wiener geht nicht unter und
dann geht die G'schichte wie am Schnürl,
Gehn wir schon in den Völkerbund,
so gehn wir durch ein Hintertürl!»

Und der Wiener Schriftsteller Hugo von Hoffmannsthal im «Rosenkavalier» von 1909:

«Hab' gleich verhofft, dass in der Wienerstadt alls wie am Schnürl geht. Schaff' Er mir da das Pack vom Hals; ich will in Ruh' soupieren.»

Bei der Frage nach der Herkunft der Redensart wird oft geantwortet, mit dem *Schnüerli* sei die Schnur des Rosenkranzes gemeint. Die Variante *wi am Schnüerli zoge* spricht gegen diese Vermutung, denn an der Schnur des Rosenkranzes zieht man nicht, man lässt sie durch die Hand gleiten. Viel spricht jedoch für die Vermutung, dass *wi am Schnüerli* oder *wi am Schnüerli zoge* auf das Puppentheater zurückgeht, denn der Puppenspieler bewegt seine Figuren an dünnen Schnüren nach seinem Willen, bleibt aber selber unsichtbar. Wenn wir sagen, jemand bewege sich *wie an Schnüren gezogen,* beziehen wir uns ausdrücklich auf die Theaterpuppe.

Unsere traditionellen Mundarten sind sehr reich an Redensarten, die sich auf das *Schnüerli* beziehen. *Am Schnüerli füere* meint «gängeln» oder «narren». Einen Leichtgläubigen kann man *win es Schääffli am Schnüerli füere,* die Regierung kann das Volk *am Schnüerli füere. I la mi nid a ds Schnüerli binde* meint «ich unterwerfe mich nicht einem anderen Willen», *am Schnüerli haa* «unter Kontrolle haben». Der Pfarrer Felix Wyss erzählt in einer Predigt von 1672 vom Walfisch:

«Gleichwol hat Gott diss grosse Tier im Meer gehabt an einem Schnüerlein. Er hat zum Fisch gesprochen, so war er da und verschluckte den Jonam.»

Er isch ab em Schnüerli meint «er ist frei, ungebunden». Alle diese Beispiele weisen darauf hin, dass das *Schnüerli* für eine Führung von unsichtbarer Hand steht und deshalb sehr gut zum Puppentheater passt. Vielleicht ist der Bezug zum *Schnüerli* oft auch viel banaler. Wenn wir sagen *eis um ds andere isch a ds Ziil choo wi am Schnüerli, si cha das Gedicht am Schnüerli* oder *er hets wi am Schnüerli ufgseit,* meinen wir auch einfach den ununterbrochenen Fluss, der dem Strang einer dünnen Schnur gleicht.

Ke Schuss Pulver wärt sii

Ke Schuss Pulver wärt sii, älter *ke Schutz Pulver wärt sii,* meint «nichts wert sein, nichts taugen», z. B. *das Radiöli, won i ha überchoo, isch ke Schuss Pulver wärt.*

Bei der älteren Form der Redensart, die man heute noch hört, steht das Wort *Schutz* in der älteren Lautform, abgeleitet von *schiezen,* das sich erst im Übergang zum Neuhochdeutschen zu *schiessen* entwickelte. *Schutz* «Schuss» ist gleichlautend, aber nicht identisch mit *Schutz* «was eine Gefährdung abhält oder vor einem Schaden bewahrt». Dieses ist abgeleitet von *schützen,* einer Intensivbildung zu *schiezen, schiessen.* Die lautliche Identität dieser beiden Wörter kann zu falschen Auffassungen von Bezeichnungen führen. Das *Schutzgatter* an alten Stadttoren, das man bei Gefahr herunterlassen konnte, hiess nicht so, weil es die Menschen hinter dem Tor schützte, sondern weil man es, war Gefahr im Verzug, rasch herunterschiessen liess. Deshalb wird es manchmal auch *Schiessgatter* genannt. Nur weil das Gatter herunterschiesst, kann *Schutzgatter* die übertragene Bedeutung «Schussel» haben.

Der Ausdruck *Schuss Pulver* stammt aus dem Fachwortschatz der Schützen- und Militärsprache, und zwar aus der Zeit, in der man eine Feuerwaffe mit Pulver und Kugel laden musste, weil es noch keine Patronen gab, die beides vereinten. Ein *Schuss Pulver* ist diejenige Menge Schiesspulver, die es braucht, um einen Schuss abzugeben. In einer Bündner Verordnung aus dem Jahr 1713 heisst es:

«Es solle ein jeder Pundsman (Bundesgenosse) mit gut Under- und Überwehr (Neben- und Hauptwaffen) jederweilen verfasset sein mit sampt wenigst 24 Schützen Pulver und Bley.»

Damit der Soldat den Schuss Pulver nicht bei jedem Laden der Waffe abmessen musste, trug er eine Anzahl mit je einem Schuss Pulver gefüllte Röhrchen, sogenannte Pfeifen, an einem Bandulier, dem Vorläufer des Patronengürtels. Ein Lexikon aus dem Jahr 1765 erklärt, ein Bandulier sei «eine Art hölzerner Pfeiffen, in deren jeder ein Schuss Pulver lag, und hatte ein jeglicher Musquetier deren eine gewisse Zahl, so viel er nehmlich Schuss Pulver für sein Feuerrohr oder Luntenbüchse brauchte».

Der Ausdruck *kein Schuss Pulver wert sein* bezog sich zuerst ganz konkret auf den Gegner bzw. auf den zum Tode durch Erschiessen Verurteilten, auf den man einen Schuss abgab, im Sinne von «er ist das Pulver nicht wert, das ich für ihn aufwende». Später verallgemeinerte sich der Ausdruck zur Redensart, indem er auf irgendeine Person oder Sache angewendet werden konnte mit der verallgemeinerten Bedeutung «nichts wert sein, nichts taugen». Ein Appenzeller Spottlied, das bereits 1837 belegt ist, lautet:

«Z'Apazell ond z'Herisau
Sönd die Matla wohlfel;
Ma ged e ganzes Husli voll
För e Schötzli Polver.»

Das Wort *Schutz* kam in der traditionellen Mundart in vielen weiteren Redensarten vor. *Er het e Schutz* konnte sowohl meinen «er ist verrückt» wie auch «er hat einen Rausch». *Es Schutzli* bzw. *Schützli* meinte wie *es Rüngli* und *e Wiili* «eine kurze Zeit, einen Augenblick». Wurde jemand ins Haus gebeten, konnte er sagen: *Jaa gäärn, aber numen es Schutzli*. *Ab Schutz gaa* meinte «aus dem Weg gehen, meiden». Als *Schutz* bezeichnete man das Aufschiessen junger Pflanzen und sagte *e chliine Schutz, e groosse Nutz* oder *en groosse Schotz ischt ken Notz*. *Der Schutz isch use* stand für «die Entscheidung ist gefallen», *dr Schutz isch hingeruse* für «es ist fehlgegangen». *E guete*

173

Schutz tue meinte «Glück haben, Erfolg haben», hingegen *e Schutz i d Hose laa* «furzen». Einige dieser Redensarten sind auch heute noch geläufig, wobei *Schutz* meistens durch *Schuss* ersetzt worden ist. Das Schiessen, das wir heute eher kritisch beurteilen, hat über die Jahrhunderte den Wortschatz und den sprachlichen Bilderschatz bereichert.

Ke Schuss Pulver wärt sii ist aufgeführt z. B. im Zürichdeutschen Wörterbuch *er isch kän Schutz Pulver wèrt,* im Schaffhauser Mundartwörterbuch *kon Schuss Pulver wärt,* in Innerrhoder Dialekt *e ischt ken Schotz Bolve wett,* im Rheinwalder Mundartwörterbuch *der ischt kei Schutz Pulver wäärdä,* im Wörterbuch der elsässischen Mundarten *kei Schutz Pulver werth* und im Pfälzischen Wörterbuch *der esch ken Schuss Bulver wert.*

Schwitze win en Ankepättler

Schwitze win en Ankepättler meint «stark schwitzen», z. B. *i han eso stotzig obsi müesse, das i ha gschwitzt win en Ankepättler* oder *bi dere Hitz schwitzen i win en Ankepättler u alls chläbt a mer.*

Die Redensart gehört in die Gruppe der Redensarten von der Form «etwas tun wie», z. B. *suuffe win e Büürschtebinder, ufpasse win e Häftlimacher, chotze win e Gäärbihund, hüüle win e Schlosshund, ässe win e Tröscher,* in denen der Zusatz zum Verb immer meint «sehr, stark, in grossem Mass».

Das Wort *Ankepättler* kommt heute nur noch in der Redensart *schwitze win en Ankepättler* vor. Wir wissen nicht mehr, was es bezeichnet. In einem Internetchat schreibt ein Teilnehmer: «‹Schwitze wine Ankebättler› (schwitzen wie ein Butterbettler … was ein Butterbettler auch immer sein möge …).»

In der Monatsschrift «Schweizerblätter» aus dem Jahr 1833 liest man unter dem Titel «Der Wetterprofet» folgende Sage, die später in verschiedenen Büchern weitererzählt wurde:

«Im Schönenboden, so heisst ein Teil der Geisalp, übernachteten vor ungefähr fünfzig Jahren an einem Abend einige welsche Ankenbettler mit ihren Kindern; denn sogar auf die hohen Berge steigen die Tagediebe, statt zu arbeiten. Am andern Morgen war das Wetter regnerisch, so dass die Bettler über Mittag in dem Stafel blieben, wo sie den Kühern beschwerlich waren. Da das Wetter sich änderte und die Gegend sich aufheiterte, konnten die Butterbettler weiter ziehen. Auf den Abend sollte der Küherbub einige Kühe, die sich zum Melken nicht eingefunden hatten, aufsuchen und eintreiben. Er hört ein weinendes Kind und geht dem Geschrei nach; denn er glaubt, die Bettler hätten in der Nähe unter einer grossen Schirmtanne ein Feuer angezündet, oder eines ihrer Kinder aus Unachtsamkeit verloren, oder absichtlich ausgesezt, um es den Aelplern aufzubürden, statt Elternpflicht an ihm auszuüben. Allein der Bub konnte kein Kind entdecken, und immer hörte er dessen Geschrei, aber immer in eine andere Richtung. Er treibt unterdessen die aufgesuchten und gefundenen Kühe in den Stafel, und erzählt einem der Küher von dem Kindergeschrei, das ihn genekt und gefoppt. Der Senn antwortete: ‹Wenn die Sache so ist, wie du sagst, wirst du sehen, was es morgen geben wird, oder vielleicht schon diese Nacht.›

Den folgenden Morgen stand schon viel Schnee auf der Trift, und da es fortschneite, so mussten die Küher mit dem Vieh abfahren.»

Eine andere Sage von der Alp Siez im Weisstannental erzählt von einem Sennen, der einen *Ankepättler* erschlug und die Leiche im Wald verscharrte. Jahre später brachte ein Hund einen Knochen in die Alphütte. Als ihn der Senn in die Hand nahm, begann der Knochen zu bluten und der Senn wurde so des Mordes überführt.

Im Liechtensteinischen wird erzählt, das Bettlerjoch habe seinen Namen von den *Schmalzbettlern,* die betend für das Wohlergehen der Sennen und ihrer Herden von Alp zu Alp zogen. Bevor sie weiterzogen, gab ihnen der Senn jeweils einen Klumpen *Schmalz,* d. h. Butter, in ein mitgebrachtes Schmalzgefäss.

Ankepättler, seltener *Alpepättler,* waren also Bettler, die in den Sennhütten auf den Alpen Butter zusammenbettelten. Der Nidwaldner Kalender von 1888 erzählt von «*Bruederliit und Ankebättler*», die «*um e Mutte Suuffi umme*» gesessen seien, wobei mit *Bruederliit* auch Bettler gemeint sind. Der Alpenbettel war eine Art des Bettelns, die auch in Rechtsschriften vermerkt ist. Das Nidwaldner Landbuch legt fest:

«Verordnung betreffend das sogenannte Alpenbetteln: Den Armen hiesigen Landes wird der Alpenbettel gestattet, jedoch in einem Sommer höchstens zweimal. Von einer Familie sollen aber nicht mehr als zwei Personen die Alpen durchbetteln.»

Die Redensarten *schwitze win en Ankepättler* und *schnuufe win en Ankepättler,* für die es vor allem Belege aus der Westdeutschschweiz gibt, beziehen sich also auf eine soziale Realität, die noch in der ersten Hälfte des 19. Jahrhunderts bekannt war. Wir finden die Redensart z. B. im Berndeutschen Wörterbuch *schwitze winen Ankebättler,* im Bödellitüütsch Wörterbuch *är schwitzd aber eis wie nen Ankebättler,* im Brienzerdeutschen Wörterbuch *schwitze wwien en Ankembättler* und im Simmentaler Wortschatz *du schwìtzìscht wìn en Ankebättler.* Im Obwaldner Mundart-Wörterbuch ist *tankä wiän ä Ankäbättler* «nachhaltig danken» belegt.

A dr Söiglogge zie

A dr Söiglogge zie meint «Zoten reissen, schmutzige Reden führen», z. B. *zeersch ischs no luschtig gsii, aber nächäär hei si nume no a dr Söiglogge zoge.*

Die Redensart *a dr Söiglogge zie,* hochdeutsch *mit der Sauglocke läuten,* seltener *mit der Schweineglocke läuten* hat ein beachtliches Alter und ist heute noch im ganzen deutschsprachigen Raum bekannt. Der älteste schriftliche Beleg für die Redensart stammt aus einem der am weitesten verbreiteten Bücher der frühen Neuzeit, dem Narrenschiff von 1494 des Strassburger Humanisten Sebastian Brant. Das Kapitel über die grobianischen Narren beginnt mit einem Holzschnitt, auf dem ein Narr zu sehen ist, der eine Sau am Ohr hält und mit ihrer Glocke läutet. Die Legende unter dem Bild lautet: «Wüst, schandbar Wort reizt auf und rüttelt / An guten Sitten unvermittelt, / Wenn man zu fest die Sauglock schüttelt.» Brant schreibt, dass man den Grobian überall ehre «mit schändlich wüstem Wort und Werk» und das gute Benehmen tot sei. Der Grobian, schreibt er, «die Sau bei den Ohren hält / Und schüttelt sie, dass die Sauglock klingt».

Über 300 Jahre nach dem Erscheinen von Brants Narrenschiff legt Konrad Tanner, der von 1808 bis 1825 Abt von Einsiedeln war, die Redensart vom Läuten der Sauglocke auf seine Weise aus, und zwar im Buch «Die Zerstörung der Blüte der Unschuld durch die Ausbreitung des verheerenden Stromes der Unzucht»:

«Man sagt […]: ‹Die Sauglocke läuten.› Unreine Reden sind nämlich eine Musik, ein Tonspiel für die Säue. Eine solche Glocke ist der Unzüchtige geworden, der gern von unflätigen Dingen redet. Er ist eine Glocke für die Säue,

d. h. für unzüchtige Diskurse gern anhörende Menschen; redet er Unzüchtiges, so läutet er selber.»

Die derbe Redensart, die der Enzyklopädist Krünitz als «nur in den harten und niedrigen Sprecharten» üblich bezeichnet, wurde im 16. und 17. Jahrhundert dennoch gern von Kirchenmännern gebraucht, um die konfessionellen Gegner zu beschimpfen oder um Gläubige, die kein gottgefälliges Leben führten, zu brandmarken. Der katholische Theologe Johannes Nicolaus Weisslinger greift Luther in einem Pamphlet aus dem Jahr 1742 an mit den Worten:

«Lutherus […] ware der erste / der anfieng mit der Sau-Glock zu läuten / mit Schwein-Spiessen drein zu stechen und mit Donner-Axen drein zuschlagen. Seines gleichen hat die Erde nicht getragen.»

Der Barockprediger Abraham a Sancta Clara, der gern mit deftigen Worten predigte, braucht die Redensart in seinem Judas der Erzschelm vom Ende des 17. Jahrhunderts, in dem er über die Müssiggänger schreibt:

«Diese leuten nur die Sau-Glocke, [d. h.] diese seynd fast wie die Wiedhöpf', nit zwar derenthalben, weilen sie auch immerzu einen Federbusch tragen, wie dieser Vogel, sondern darum, weil dieser Vogel sich mehresten aufhaltet an wilden und stinkenden Orten, und seinen Schnabel immerzu stecket in Koth, Mist und Unflat.»

Auch beim Solothurner Eisenhändler und Dramatiker Georg Gotthard kommt die Redensart von der Sauglocke vor in seiner Tobias-Komödie von 1619, in der eine Figur sagt:

«Hett lieber g'hört fluchen und schweren, jo d'Lüt usrichten und verspotten. Ich blyben nit lang an eim Ort, wann d'Sewglock Niemand darf anziehen.»

Im Deutsch der Schweizer hat sich aus dem Wort *Söiglogge* der *Süglöggler* und der *Süggloggelüter,* beide stehen für «Zotenreisser», entwickelt. Und in der Region von Stuttgart gibt es die «Sau Glogg Gugga». Ob hinter der heute noch bekannten Sauglocke mehr steht als die Tatsache, dass man Schweinen zuweilen Glocken umhängt, ist zu bezweifeln. Carl Julius Weber verband im 19. Jahrhundert die Sauglocke mit dem Orden der Sankt-Antonius-Mönche, eines Bettelordens, bei dem, laut Weber, raue Sitten herrschten. Er schreibt:

«Sie hingen, da S. Antonius Patron des Viehes, vorzüglich der Schweine ist, dem lieben Vieh geweihte Glöckchen an den Hals, und trugen selbst solche Glöckchen, um ihre Ankunft von weitem schon zu melden, und da sie ein wüstes Leben führten, so kann wohl von ihnen unsere Redensart herrühren: ‹Er läutet mit der Säuglocke!›»

Die Sankt-Antonius-Schweine tragen eine Glocke, weil der junge französische König Philipp 1131 auf dem Weg nach Reims bei St. Gervais wegen eines Schweines vom Pferd stürzte und starb. Ab da durften Schweine nicht mehr frei umherlaufen. Die Abtei St. Anton widersetzte sich jedoch diesem Verbot, denn es betraf ja das Attribut ihres Heiligen. Man gab den Sankt-Antonius-Schweinen daher einen Freiheitsbrief mit der Bedingung, dass sie fortan Glocken tragen müssten.

Belegt ist *a dr Söiglogge zie* z. B. im Berndeutschen Wörterbuch *ds Söiglöggli lüte, am Söiglöggli zie,* im Zürichdeutschen Wörterbuch *a der Söiglogg lüüte,* im Schaffhauser Mundartwörterbuch *a der Süüglògge zie,* im Alemannischen Wörterbuch der süddeutschen Alemannen *d Suglock(e) rushänke (ziehe, lütte)* und in Bairisches Deutsch *die Sauglocken läuten.*

D Stägen ufgheie

D Stägen ufgheie meint «überraschend befördert werden, mit der Beförderung Einfluss verlieren», z. B. *si hei a däm Poschte eifach eine bbruucht, wo besser druschunt, drum isch er d Stägen ufgheit.*

Gemäss den Belegen, die mir vorliegen, ist die Redensart *die Treppe hinauffallen* eine Entlehnung aus dem Englischen und zugleich ein geflügeltes Wort. Lord Chesterfield brauchte den Ausdruck *having a fall upstairs* in einem Brief vom 1. August 1766 an seinen Sohn. Darin bezieht er sich auf den Premierminister William Pitt (1708–1778), der geadelt wurde und den Titel Lord Chatham erhielt. Lord Chesterfield schreibt im Brief:

«Pitt hatte freye Hand alle Minister zu nennen; und errathen Sie, wozu er sich gemacht hat? zum geheimen Siegelbewahrer und – werden sie's glauben? zum Lord Chatham. Hier ist der allgemeine Scherz, dass er die Treppe hinauf gefallen ist, und zwar so unglücklich, dass er in seinem Leben nicht wieder auf die Beine kommen wird. Nun ist er nichts mehr, als Lord Chatham, und in keiner Bedeutung mehr Pitt. Ich kenne in der Geschichte kein ähnliches Beyspiel. So in der Fülle der Macht wegzusinken, im Genuss des befriedigten Ehrgeizes, das Volk, das Haus der Gemeinen zu verlassen, das ihm allein Macht gab, ihm allein Macht versichern konnte, ins Hospital der Unheilbaren, ins Haus der Lords zu flüchten – es ist ein unglaublicher Schritt.»

Der Ausdruck *having a fall upstairs* wurde umgehend zum geflügelten Wort und gelangte schon früh nach Deutschland, weil der Schriftsteller Helferich Peter Sturz in einem Brief von 1768, der einige Jahre später veröffentlicht wurde, Lord Chesterfields Brief auszugsweise übersetzt und dabei *having a fall upstairs* mit *die Treppe hinauf gefallen* wiedergegeben hatte. Im Jahr 1786 erzählt Johann Georg Heinzmann die Pitt-Geschichte mit dem Ausdruck *die Treppe hinauf gefallen* im Buch «Gemälde aus dem aufgeklärten achtzehenden Jahrhundert». Friedrich-Heinrich Jacobi benutzte die Redewendung in einem Brief vom 16. November 1788 an Georg Forster und bezog sich dabei explizit auf die Pitt-Geschichte:

«Ich habe ihm in einem Brief an ihn selbst ganz offenherzig gesagt, seine Standeserhöhung erinnere mich an das, was die Engländer von dem grossen Pitt, da er Lord Chatham wurde, sagten: er sey die Treppe hinauf gefallen.»

Noch 1834 verwendet Karl Julius Weber im Buch «Deutschland, oder, Briefe eines in Deutschland reisenden Deutschen» die Redewendung mit einem expliziten Hinweis auf Pitt:

«Man könnte von Müller sagen, was die Britten von ihrem grössern Pitt sagten, als er Lord Chatham wurde: Er ist die Treppe hinauf gefallen!»

Und 1829 verwendet Carl Friedrich von Nägelsbach die Pitt-Geschichte mit der Redensart *die Treppe hinauf gefallen* in seinem Buch «Uebungen des lateinischen Stils».

Heute wird *die Treppe hinauffallen* in der Schriftsprache nicht oft gebraucht. In der Nummer 41 des Spiegels von 1954 taucht die Redensart in einer Geschichte über den Politiker Herbert Wehner auf: «Der Gemassregelte fiel die Treppe hinauf.» In unseren Mundarten ist sie z. B. belegt im Berndeutschen Wörterbuch *er isch d Stäge ufgheit (-troolet)*, im Baseldeutsch-Wörterbuch von Rudolf Suter *d Stääge dürüff gheie*, im Zürichdeutschen Wörterbuch *er isch d Stäägen ueghheit* und im Alemannischen Wörterbuch der süddeutschen Alemannen *d Stäge n-uffi keie*.

Us em Stägreiff

Us em Stägreiff meint «wie es gerade kommt, ohne Vorbereitung, improvisiert, ohne abzulesen»; z. B. *di het iri ganzi Reed eifach eso us em Stägreiff ghaa.*

Die Redensart *us em Stägreiff,* hochdeutsch *aus dem Stegreif,* ist heute noch im ganzen deutschsprachigen Raum gebräuchlich. Sie stammt ursprünglich aus der Fachsprache des Kriegswesens, denn *Stegreif,* älter *Steigreif,* bezeichnete einst den Steigbügel, weil er ursprünglich die Form eines Reifs hatte. Der wohl älteste Beleg von *aus dem Stegreif* stammt aus dem Buch «Sarracenische Geschichte und schröckliche Kriegsrüstung» von Celio Augustino Curione, die, von Nicolaus Höniger ins Deutsche übersetzt, 1580 in Basel gedruckt wurde. Dort heisst es:

«Der Gemein Pöfel und das Landtvolck (wie dann gemeinlich solche pflegen zuthun / die kein gewisse wohnung haben / und alzeit auf dem Felde ligen / und ihr behausung auff dem Rucken tragen wie die Schiltkrotten) ernehreten sich allein auss dem Steigreiff mit Rauben / Stehlen / Waldefischen / und andern bösen stucken.»

Die ursprüngliche Form der Redensart scheint also *aus dem Stegreif nähren* «sich ernähren, wie es gerade kommt» gewesen zu sein. Dabei löste sich die Bindung zum Pferd schon früh, denn der gemeine Pöbel und das Landvolk dürften beim Rauben und Stehlen kaum geritten sein. Der Redensart *aus dem Stegreif nähren* begegnet man im 16. und 17. Jahrhundert sehr oft, so z. B. in Johann Michael von Loens Der Adel von 1752, in dem ein Kapitel lautet: «Von den Freybeutern, Heckenreutern und herum irrenden Rittern, welche nach altem Gebrauch sich aus dem Steigreif nehren.» Allerdings betont von Loen, da ja vom Adel die

Rede ist, dass nicht rauben und stehlen gemeint sei, sondern sich ernähren auf Kosten des Feindes, dem man Essbares abjagt. Bereits ab dem 17. Jahrhundert wird jedoch *aus dem Stegreif* in anderen Zusammenhängen gebraucht. So schreibt Christian Gerber in seinem Buch «Unerkannte Sünden der Welt» von 1795 über Prediger:

«Diejenigen / welche sich auff ihr gutes Maul verlassen / und also aus dem Steigreiff plappern / was ihnen ins Maul kömmt / seyn warlich einer scharffen reprimande (frz. Verweis, Rüge) werth.»

Im 17. Jahrhundert wird die Redensart *aus dem Stegreif* häufig verwendet in der Fachliteratur der Staatsführung und der Juristik. Dort wird davor gewarnt, schwierige Geschäfte aus dem Stegreif zu behandeln. Seien Angelegenheiten schwierig und wichtig, erklärt ein Autor um 1607, sei es nicht möglich, «in dieser Eil aus dem Steigreiff sich zu erklären».

Gleichzeitig wird die Redewendung in vielen weiteren Zusammenhängen verwendet, z. B. von den Zürcher Philologen Johann Jakob Breitinger und Johann Jakob Bodmer in der Critischen Dichtkunst von 1740 «das Ohr ist einer von den hochmüthigsten Richtern, denn es fasset sein Urtheil aus dem Steigreif ab», von der Zeitschrift «Der Teutsche Merkur» von 1776, welche «die aus dem Stegreif von Herr Pastor Lavater gehaltene fürtrefliche Predigt» lobt und von Carl Friedrich Zelter, der 1818 einen Brief an Goethe beginnt mit den Worten:

«Mit Deinen aus dem Stegreif entsprungenen Gedichtchen wäre mir's beynahe ergangen, wie dem Herrn Puff in Sophiens Reisen, der mit dem rechten Fusse aufs Pferd stieg und mit dem Rücken in die Fronte kam.»

Beim Theater hat sich das aus der Commedia dell'Arte entwickelte *Stegreiftheater*, bei dem die Schauspieler *aus dem Stegreif* spielen, bis heute erhalten.

Öpperem d Stange haa

Öpperem d Stange haa meint «jemandem beistehen, zu jemandem stehen» oder «jemandem Trotz bieten, jemandem gewachsen sein», z. B. *si het im d Stange ghaa, wo me ne het plaaget* bzw. *er het nid gwüsst, söll er em Vater d Stange haa u mit im Krach überchoo oder schwige.*

Hinter der Redensart *öpperem d Stange haa,* hochdeutsch *jemandem die Stange halten,* steht ein Rechtsbrauch aus dem Mittelalter. Das mittelalterliche Recht sah vor, dass ein Streit zwischen Kläger und Angeklagtem durch einen Gerichtskampf mit Waffen entschieden werden konnte. Einen Gerichtskampf führte man nicht bis zum Tod eines Kämpfers, sondern nur, bis ein Kämpfer kampfunfähig war und signalisierte, dass er aufgeben wolle. Beide Parteien erhielten deshalb einen Helfer mit einer Stange zugesprochen. Ging der eine Kämpfer zu Boden und verlangte Hilfe, eilte sein Stangenträger zu ihm und hielt als symbolische Schranke, die der Gegner nicht durchbrechen durfte, die Stange über ihn. Im Landrecht des Sachsenspiegels aus dem 13. Jahrhundert, dem ältesten deutschen Rechtsbuch, heisst es zu den Kämpfern:

«Jedem von ihnen sollen die Richter einen Mann geben, der eine Stange trägt. Der soll die Kämpfer nicht behindern. Aber wenn einer fällt, verwundet wird oder um die Stange bittet, soll er die Stange über ihn halten. Das darf einer nur tun, wenn er dazu von den Richtern die Erlaubnis hat.»

Diesen Brauch übernahm man in das Turnierwesen. Dort musste der *Grieswart, Stanger* oder *Stängeler* demjenigen Beistand leisten, welcher der Stange begehrte.

Der Stange begehren wurde deshalb zu einer Redensart mit der Bedeutung «sich unterwerfen, Gnade heischen». Sie kommt in alten eidgenössischen Quellen oft vor, z. B. in der Chronik von Niklaus Schradin von 1499:

«Dem herrn von Brandis stuond s umb syn leben kalt, als er mit synem lyb ward gefangen, gegen den Eidgenossen begert er der stangen.»

Im Goldtfaden von 1557 erzählt der Colmarer Schriftsteller Jörg Wickram, wie der bäurische Ritter Lewfrid gegen einen Freiherrn kämpft:

«[Er] schluog mit gantzer seiner krefft zuo / damit machte er den Herren so gantz matt / das er sich nit mer wehren mocht. Also bald begert er der stangen.»

Einem die Stange halten ist im Wörterbuch von Johann Heinrich Campe von 1810 erklärt als «ihm Hülfe leisten, beistehen, ihn vertheidigen». Im Band «Redewendungen» von Duden ist die zweite Bedeutung «sich gegen jemanden behaupten» als «schweizerisch» bezeichnet mit einem Zitat aus der NZZ vom 3. November 1978:

«Bei der Präsidentenwahl [...], wo die Persönlichkeit wichtiger ist [...], haben die Republikaner seit 1952 den Demokraten die Stange gehalten in den USA.»

Sie halle enanner die Stang heisst aber auch im Pfälzischen Wörterbuch «sie sind beide gleich stark». Und im Rheinland meint *enem de Stang hale* wie bei uns «seine Partei ergreifen» und «ihm gewachsen sein».

Bei der verwandten Redensart *bi dr Stange blibe, bei der Stange bleiben* «ausharren, auf dem Posten bleiben» wird oft erklärt, damit sei die Fahnenstange mit der Standarte gemeint, die den kämpfenden Soldaten Truppeneinheit und Sammelplatz angab. Ich bin mit dem Wörterbuch der schweizerdeutschen Sprache viel eher der Meinung, dass mit *Stange* die Wagendeichsel, so auch die Deichsel der Feuerspritze, gemeint ist. Erstens hat die Redensart *bi dr Sprütze blibe* dieselbe Bedeutung wie *bi dr Stange blibe* und zweitens gibt es zahlreiche andere Redensarten, die sich auf die Wagendeichsel beziehen und in denen von der *Stange* die Rede ist: *i d Stange spanne* «bestimmen über einen», *einen i d Stange stelle* «zurechtweisen», *über d Stange schlaa* «die Grenzen des Erlaubten überschreiten», *a d Stange gaa* «die Leitung übernehmen», *d Stange la faare* «aufgeben». Und schliesslich heisst es im Lied *Ramseiers wei ga grase* auch *dr eint, dä geit a d Stange, di angere hingerdrii.*

Bi öpperem e Stei im Brätt haa

Bi öpperem e Stei im Brätt haa meint «bei jemandem (grosse) Sympathien geniessen, wohl gelitten sein», z. B. *d Luzia het bim Peter scho lang e Stei im Brätt*.

Die Redensart *bei jemandem einen Stein im Brett haben* kennt man in der Form *bei jemandem einen guten Stein im Brett haben* bzw. *bei jemandem einen grossen Stein im Brett haben* im ganzen deutschsprachigen Raum, und zwar seit dem späten Mittelalter. Ab dem 14. Jahrhundert ist der Ausdruck «in dem brett spilen» in Schweizer Quellen oft belegt. Die Redensart hat ihren Ursprung in einem Brettspiel, das im Mittelalter *wurfzabel* genannt wurde, wobei *zabel*, wie bei *schachzabel* «Schachspiel», noch vor Abschluss der Lautverschiebung aus lateinisch *tabula* «Spielbrett» entlehnt worden ist. Später nannte man es *Puff* nach dem Fallen der Würfel. Das Etymologische Wörterbuch der deutschen Sprache schreibt dazu:

«Da solche Spiele in den alten Badehäusern zwischen Männern und Frauen gespielt wurden und das Spiel dann zwanglos in mehr erotische Spiele übergehen konnte, galten die Badehäuser bald als eine Art Bordell, und *Puff* stand häufig als Teil für das Ganze; daraus *Puff* ‹Bordell›.»

Heute nennen wir es *Trictrac*, was aus dem Französischen entlehnt ist und das Klackern der Würfel auf dem Spielbrett lautmalend nachahmt, oder mit der englischen Bezeichnung *Backgammon*. Bereits 1529 ist die Redensart in der Sprichwörtersammlung von Johannes Agricola (1494–1566) aufgeführt. Dazu wird erklärt:

«Wer auff dem spill eynen gutten bund im brette hatt / darüber ein ander sein steyne spilen muss der hatt das Spil halbs gewunnen. Also auch wer vor grossen Herren und

Rätden zu schaffen hatt / und hatt yemand der sein sach trewlich fordert und treibet / der hat eynen gutten steyne im brette / einen guten freundt / der ym zu seiner sachen redt und hilfftet.»

Ein «Bund» sind zwei Steine nebeneinander, über die ein Gegner nur schwer hinwegkommt. Der Reformator Martin Luther (1483–1546) sagt in der Schrift «Tischreden» zu Pfarrer Schlaginhauffen von Röthen:

«Glaubet mir / wenn ihr nicht so einen guten Stein im Brete hättet bey Gott dem Vater / ihr würdet die Tentation und Anfechtung nicht haben.»

Dass Luther die Redensart erfunden haben soll, wie oft behauptet wird, lässt sich nicht mit Sicherheit sagen. Der Prediger Samuel Johann Ernst Stosch führt sie im Abschnitt «Brett» seines Buches «Versuch in richtiger Bestimmung einiger gleichbedeutenden Wörter der deutschen Sprache» von 1772 auf und bemerkt:

«Einen guten Stein im Brette haben, ist von dem Brettspiel hergenommen, und heisst so viel: Einen vornehmen Gönner haben, durch welchen man in einer Sache, viel ausrichten kann. Man sagt auch: Bei jemand einen guten Stein im Brette haben, das ist, um gewisser Ursachen willen, bei ihm in Gunst stehen.»

In der Form *einen grossen Stein im Brett haben* finden wir die Redensart unter anderem in einer Voltaire-Übersetzung von 1784 «er hat beim Herrn von Saint Pouenge einen grossen Stein im Brete», in den Physiognomischen Reisen (1788) von Johann Karl August Musäus «durch fein Liebedienern hat er bey meiner Frau einen grossen Stein im Brete» und in Betbruder und Betschwester (1835) von Ludwig von Alvensleben «bei der Base hatte ich jetzt einen grossen Stein im Brete». Einer der bekanntesten literarischen Belege ist im Wallenstein von Friedrich Schiller (1759–1805). Dort sagt der erste Kürassier zu Piccolomini:

«Der versteht sich auf solche Sachen,
Kann bei dem Friedländer alles machen.
Hat auch einen grossen Stein im Brett
Bei des Kaisers und Königs Majestät.»

Bis weit ins 19. Jahrhundert war also die Redensart in der Form *bei jemandem einen guten Stein im Brett haben* bzw. *bei jemandem einen grossen Stein im Brett haben* geläufig. Die dahinterstehende Vorstellung des Brettspiels war dabei noch viel konkreter, denn beim Brettspiel braucht es einen guten oder grossen Stein, um Wirkung zu erzeugen. Die heutige Form der Redensart *bei jemandem einen Stein im Brett haben, bi öpperem e Stei im Brätt haa* ist dem Brettspiel nicht mehr so nahe, sie ist abstrakter.

In der älteren Mundart gab es auch andere Redensarten, die vom Spielbrett ausgingen, z. B. *er hät s Letscht im Brätt* «es geht zu Ende mit ihm», *is Brätt choo, im Brätt sii* «im Weg sein, die Sache verderben» und *übel im Brätt sii* «in einem schlimmen Zustand sein», z. B. *das Hüüsli im Rank isch übel im Brätt*.

Heute ist die Redensart *bei jemandem einen Stein im Brett haben* noch allgemein geläufig. Am 7. Februar 2005 schrieb der Blick einen Artikel über Martina Hingis und Sol Campbell unter dem Titel «Der ‹Fels› hat bei Martina mehr als einen Stein im Brett». Die Mundartform ist aufgeführt z. B. im Berndeutschen Wörterbuch *er het dört e Stei im Brätt*, im Zürichdeutschen Wörterbuch *bin äim en Stäi im Brätt haa*, im Obwaldner Mundart-Wörterbuch *bi epperem ä Stäi im Bräd ha* und im Alemannischen Wörterbuch der süddeutschen Alemannen *e Stai im Brett ha*.

E Stei i Gaarte schiesse

E Stei i Gaarte schiesse meint «jemandem einen Schaden zufügen, Schwierigkeiten bereiten, einen bösen Streich spielen» bzw. «jemandem bei passender Gelegenheit einen Gefallen erweisen, einen Gegendienst leisten», z. B. *du hesch mer e groosse Gfalle taa un i schiesse dr de o einisch e Stei i Gaarte.*

Mit *e Stei i Gaarte schiesse, e Stei i Gaarte pänggle, en Stäi in Gaarte rüere, e Stii i Gaarte wäärffe*, hochdeutsch *einen Stein in den Garten werfen,* liegt eine Redensart vor, welche je nach Sprachgemeinschaft, die sie braucht, «jemanden schädigen» oder «jemandem Gutes tun» meint. Der positive Sinn erschliesst sich einem nicht unmittelbar, denn wirft man jemandem einen Stein in den Garten, verletzt man sein Eigentumsrecht und schädigt sein bestgepflegtes Stück Boden, aus dem man ja die Steine entfernt, wenn es welche hat.

In den ältesten Belegen ist die Redensart durchweg negativ gemeint. So droht der Minnesänger, der Meissner genannt wurde, in der zweiten Hälfte des 13. Jahrhunderts dem Herrn, der sich ihm gegenüber nicht freigebig zeigt:

«Bezzert er mir niht (zeigt er sich mir nicht gewogener),
ich wirfe im einen stein in sinen garten
Und eine kletten in den bart.»

Der in Schaffhausen geborene Prediger Geiler von Kaysersberg (1445–1510) erklärt in einer Predigt über Sebastian Brants Narrenschiff im Strassburger Münster, *einen Stein in den Garten werfen* meine «mit Worten schaden» und erklärt: «Und als man gemeinlich spricht, wa man offenlich ret und ein mit worten rürt, so spricht er, er hat im ein Stein in garten geworffen.»

Der Fabeldichter Burkard Waldis (um 1490–1556) braucht die Redensart in der gleichen Weise wie Geiler von Kaysersberg, wenn er beschreibt, wie auch unter dem Schein des Glaubens der Hinterlistige darauf aus ist, einem andern zu schaden:

«Wirft im heimlich ein stein in garten,
Des doch jener nit tet erwarten.»

Auch der Barockprediger Abraham a Sancta Clara (1644–1709) braucht die Redensart wiederholt im Sinne von «jemandem einen Schaden zufügen», z. B. wenn er über die Gelehrten spottet, die von ihnen vermuteten Ursachen der Pest lächerlich findet und sagt, «unnd wolt der Zeit ihnen nicht gern einen Stein in den Garten werffen / allein ihr Wahr (Ware) taugt mir auff meinen Marckt nicht». Schliesslich erklärt im «Nouveau dictionnaire de la langue françoise et allemande» von 1791 Chrétien Frédéric Schwan die Redensart *einem einen Stein in den Garten werfen* mit «einem etwas in den Weg werfen oder ihm einen Possen thun».

Der positive Sinn der Redensart hat sich erst im 18. oder 19. Jahrhundert entwickelt, und zwar wohl über die scherzhafte Anwendung der ursprünglichen Form. Ist man jemandem zu Dank verpflichtet, kann man mit einem Augenzwinkern sagen *ich werfe dir auch mal einen Stein in den Garten* und damit das Gegenteil des ursprünglichen Sinns der Redensart äussern, nämlich «ich werde dir bei passender Gelegenheit einen Gefallen tun». Die anfänglich scherzhaft gemeinte Umkehrung des Sinns hat sich so verfestigt, dass die Redensart in gewissen Mundarten nur im positiven Sinn verwendet wird. Ich kenne als Mittelberner *e Stei i Gaarte schiesse* nur mit der Bedeutung «einen Gegendienst leisten» und im Berndeutschen Wörterbuch ist sie auch nur so aufgeführt. Auf dieselbe Weise ist *ich wörf der dänn au emol en Schtai in Gaarte* im Schaffhauser Mundartwörterbuch, *i rüer der au emaal en Stäi in Gaarte* im Zürichdeutschen Wörterbuch mit der Bemerkung «ursprünglich negativ» und *äim ä Stäi i Gaartä riärä* im Obwaldner Mundart-Wörterbuch nur mit der positiven Variante belegt.

Auch im Alemannischen Wörterbuch der süddeutschen Alemannen meint *ich wirf dr au emool e Stai in Gaarde* «ich werde mich bei Gelegenheit revanchieren». Im Rheinischen Wörterbuch sind für *ich schmeiss der aach emol e Stei in der Garde* beide Bedeutungen angegeben, nämlich «eine Gefälligkeit erwidern» und «ich will dir schaden».

Negative Bedeutung hat auch *eim e Stei i Wääg lege, jemandem einen Stein in den Weg legen* «jemandem bei einem Vorhaben Schwierigkeiten bereiten».

Im Stich laa

Im Stich laa hat zwei Bedeutungen: «Jemanden (in einer Notlage) allein lassen, jemandem nicht helfen, eine Vereinbarung nicht einhalten», z. B. *dr Max het d Sandra im Stich glaa, wo si mit em Velo isch umgheit u ds Bei het bbroche*, und «nicht funktionieren, versagen», z. B. *dr Töff het nen im Stich glaa*.

Die Redensart, die in der Form *jemanden im Stich lassen* auch im Hochdeutschen gängig ist, wird oft auf den ritterlichen Kampf mit Stichwaffen zurückgeführt. So genau lässt sie sich meines Erachtens nicht zuordnen. Sie gehörte einst zu einer Gruppe von Redensarten, welche ihren Ursprung ganz allgemein im Kampf mit Hieb- und Stichwaffen hatten, seien die Kämpfenden nun Ritter, Söldner, Soldaten oder bewaffnete Unruhestifter. Dabei ist zu beachten, dass das Wort *Stich* sowohl die mit einer Waffe ausgeführte Bewegung des Stechens als auch die Stichwunde bezeichnet. Wir sprechen ja noch heute vom *Stich i ds Häärz* und sagen *das het mer e Stich ggää* für «das hat mich schmerzlich berührt». Verallgemeinert bezeichnet *Stich* aber auch den Kampf und die Gefahr überhaupt:

Aus dem Stich winden, aus dem Stich schwingen oder *aus dem Stich entlaufen* meint ursprünglich «vor dem (tödlichen) Stich mit einer Stichwaffe retten». Im Zürcher Rechtsbuch von 1483 ist von einem Zeugen einer bewaffneten Auseinandersetzung die Rede: «Do lüffe er zwüschent sy und erwuschte Heinyn Götzen und schwunge den us den stichen in einen winkel.» In übertragenem Sinn meint *aus dem Stich winden* bzw. *schwingen* «aus einer gefährlichen oder aussichtslosen Lage befreien».

Wer *im* oder *am Stich ist*, befindet sich vor der stichbereiten Waffe des Gegners, der nur noch zuzustossen braucht. Im übertragenen Sinn meint *im Stich sein* «in höchster Gefahr sein».

Wer jemanden *in den Stich setzt,* stellt ihn in den Bereich der Stichwaffe eines Gegners. Im übertragenen Sinn meint *in den Stich setzen* «in höchste Gefahr bringen, gefährden». In einer Quelle aus dem Jahr 1638 heisst es, Schwyz werde nichts von seiner teuer erworbenen Freiheit «in Stich und Gefahr setzen».

Wer *im Stich bleibt,* wird vom Feind übermannt oder fällt im Kampf. Im übertragenen Sinn meint *im Stich bleiben* «verlustig gehen». Eine Zürcher Quelle von 1665 berichtet, ein Zentner gerüsteter Flachs sei «zue Strassburg im Stich bliben».

Den Stich halten oder *den Stich heben* meint ursprünglich «den Stich eines Gegners abwehren», allgemeiner «(einem Angriff) standhalten, sich behaupten, sich bewähren, sich durchsetzen». Auch Schlechtes kann sich durchsetzen, deshalb wird in einer alten Quelle geklagt: *«Das heig iez de Stich, das en jedre für inen sälber sorgi u den andren d Weli gäbi.»* Argumente können vor Gericht den Stich halten oder nicht, d. h. den gegnerischen Argumenten standhalten oder ihnen unterliegen. Aus dieser Verwendung entwickelte sich das Adjektiv *stichhaltig,* das wir noch heute verwenden.

Von allen Redensarten, die sich aus der Sprache des Kampfes mit der Stichwaffe entwickelten, hat sich bis heute nur *im Stich laa* im ganzen deutschsprachigen Raum gehalten. Sie beruht auf der Vorstellung, dass sich mehr als ein Kämpfer zum Kampf stellt, dass sich ein Teil während des Kampfes zurückzieht und so den Rest erst recht in Gefahr bringt oder dem Verderben preisgibt. Eine Quelle aus dem Jahr 1654 berichtet von einem Obersten, der seinen Leuten vorhält, sie hätten «treulosermassen ihr Brüder im Stich glassen». Die Bedeutung der Redensart wurde zuerst verallgemeinert, indem sie aus dem Bereich des Kampfes gehoben und auf jede Situation übertragen wurde, in der Menschen andere im Stich lassen können: *Er hätt mer sölle hälffe höie, aber er het mi im Stich glaa.* In einem zweiten Verallgemeinerungsschritt konnte *im Stich laa* dann auch ein Versagen bezeichnen, dem keine Absicht unterstellt werden kann. Zuerst wohl das Versagen von Körperfunktionen *d Lunge laat sen im Stich,* dann auch das Versagen von Maschinen und Geräten *taarf i di Raasemääier haa, mine laat mi im Stich.*

Eine ähnliche Bedeutung wie *im Stich laa* hat *la hocke.* Allerdings kann ich nur von einem Menschen sagen, er habe mich *la hocke.* Unbeabsichtigtes Versagen kann meines Erachtens nicht mit *la hocke (*mi Töff het mi la hocke)* ausgedrückt werden.

Läärs Strou trösche

Läärs Strou trösche meint «inhaltsleer schwatzen, Unnötiges reden und schreiben», z. B. *ds Thema vom Voortraag hätt mi no intressiert, aber dää, wo het gredt, het nume läärs Strou tröschet.*

Im Ausdruck *läärs Strou* ist das Adjektiv *läär* eigentlich überflüssig, weil durch das Ausdreschen der Ähren Stroh entsteht; Stroh ist also immer leer. In einigen traditionellen Mundarten war die Redensart denn auch in der Form *Strou trösche* geläufig. Der Basler Professor Jakob Mähly (1828–1902) schrieb *an'n Familietäge, do dresch me jo nur Stroh* und die Neue Rheinfelderzeitung von 1917 berichtet vom Bauerntag: *«Vil Strau isch tröschet worde z'Brugg obe.»*

Durchgesetzt hat sich jedoch *leeres Stroh dreschen,* seltener *lediges Stroh dreschen.* Das mag damit zusammenhängen, dass im religiösen Schrifttum, vor allem im Erbauungsschrifttum, das Scheiden der Menschen in solche, die der göttlichen Gnade würdig sind, und andere als Dreschvorgang dargestellt wird. Der in Ungnade gefallene Mensch wird dabei *ein leeres Stroh* genannt. Der Theologe Franz Settelin belehrt in seinem Geistlichen Feldtbau von 1683:

«Gott hat von Ewigkeit her gewust / dieser Mensch ist ein Waitzen-Körnlein / welches gehört in die himmlische Scheuren / und dieser Mensch ist ein läres Stroh / welches gehört in das ewige Feuer.»

Die Redensart *leeres Stroh dreschen* bzw. *lediges Stroh dreschen* ist seit dem späten Mittelalter belegt, und zwar in dem, gegenüber der heutigen Verwendung, umfassenderen Sinn «nutzloses Unterfangen, sinnlose Arbeit». Der evangelische Theologe und Sprichwörtersammler Friedrich Peters fasst im Jahr 1605 zusammen:

«Ein Ziegel weiss waschen / ledig Stro dreschen / dem Wind das Wehen verbieten / einer unkeuschen Frawen hueten / unnd ein fliessend Wasser verstopffen / ist alles verlohren arbeit.»

Zwei der frühesten Belege finden wir im Liederbuch der Augsburger Nonne und Handschriftenkopiererin Clara Hätzlerin (um 1430–1476). In beiden Beispielen spricht der Liebende; er sagt zu seiner Angebeteten «so sprich ich: liebe kaudernetsch / du drischest hie ain läres stro» und zu sich selber «ir lieb ist mir erloschen / und hab lärs stro gedroschen». In beiden Fällen ist die Bedeutung der Redensart «nutzloses Unterfangen, vergebene Liebesmüh». Im Sinne von «leeres Geschwätz» braucht der Nürnberger Dramatiker und Dichter Jakob Ayrer (1544–1605) die Redensart in der Komödie «Von zweyn Brüdern aus Syracusa», einer Plautus-Bearbeitung. Dort heisst es:

«Der Fuchsschwentzer Peniculus
Ietzund mit spot abziehen muss
Und hat mit seiner falschen goschen
Nichts, denn nur ein leres Stro, gedroschen.»

Die Form *lediges Stroh dreschen* scheint vom Reformator Martin Luther auszugehen. In seinen Tischreden von 1531–1546 schreibt er von Gott:

«Da er das gute Korn ausgedroschen / und in seine Scheuren gesammlet hatte / wollte er darnach nicht länger ledig Stroh dreschen / sondern / da nichts mehr denn lauter Spreu da war / zündete er sie an über einen Hauffen / und machte alles zu Aschen.»

Doch *lediges Stroh dreschen* kann sich gegen *leeres Stroh dreschen* nicht durchsetzen und verliert sich in der ersten Hälfte des 19. Jahrhunderts. Der Humanist Erasmus von Rotterdam (um 1467–1536) hat die Redensart sogar ins Spätlateinische übersetzt: «Inanes culmos excussisti – er hat leeres Stroh gedroschen.»

Bereits zu Beginn des 17. Jahrhunderts findet die Redensart auch Eingang in das Amtsschrifttum. Ein Jagdgesetz von 1604 bemerkt zur Wilderei:

«Da hinfüron gegen den verbrechern […] nit alspald mit ernnstlicher straff verfarn werden solte, ist zu besorgen, man läres stro tröschen und mer schimpf (Schande) dann ehr dadurch aufheben werde.»

Der Dichter und Lexikograf Kaspar von Stieler, der sich in der Beredsamkeit ausbilden liess, bemängelt in seinem Der deutsche Advokat von 1671 die Arbeit schlecht vorbereiteter Parteien vor Gericht mit den Worten:

«Ingleichen die keinen Beweis vor sich haben / bringen Parteyen und Advokaten schlechten Rum und machen / dass sie beide leres Stroh dreschen / nach dem Winde schnappen / mit Schanden abziehen und das Gelag bey den Gerichten bezalen müssen.»

Die Redensart ist heute noch im ganzen deutschsprachigen Raum geläufig, in den Mundarten und in der Schriftsprache. Die Neue Zürcher Zeitung schreibt in einem Artikel vom 3. Februar 2012, mit einer etwas speziellen Verwendung der Redensart: «Dies bedeutet, dass die Raiffeisenbanken immer mehr leeres Stroh dreschen müssen, um das Ertragsniveau halten zu können.» Im Züri Slängikon von 2012 ist *läärs Stroh dresche* verzeichnet mit der Bedeutung «Nonsense reden». Eine ähnliche Bedeutung wie *läärs Strou trösche* hat das Verb *schwafle*.

Suuffe win e Büürschtebinder

Suuffe win e Büürschtebinder meint «stark trinken», z. B. *dä isch geng derbii, wes öppis z feschte git, u suufft win e Büürschtebinder.*

Der Bürstenbinder oder Bürstenmacher betrieb einst ein ehrbares Handwerk, das bereits um 1400 in Nürnberg, einem Zentrum der Bürstenbinderei, erwähnt wird. Aus Schweineborsten, Pferdehaaren, Dachshaaren und Eichhornschwänzen fertigte er Kehricht-, Haar-, Kleider-, Schuh- und Kratzbürsten, Mal- und Barbierpinsel sowie Bürsten für das Tuchmachergewerbe.

Dem Bürstenbinder wird, wie das Deutsche Wörterbuch bemerkt, «herkömmlich grosze trinklust zugeschrieben». Bereits in einem Possenspiel des Nürnberger Dramatikers Jakob Ayrer (1544–1605) heisst es:

«In ein Wirtshauss wir zogen ein,
Uns lassen bringen Bier und Wein
Und gsoffen wie die Bürstenbinder,
uns ghalten wie die Weltkinder.»

«Ghalten wie die Weltkinder» meint in diesem Text «aufgeführt wie die Narren». In Hans Jakob Christoffel von Grimmelshausens Landstörzerin Courage von 1670 sagt die Titelheldin von sich: «Ich lernte mit Fleiss fluchen wie ein anderer Soldat und darneben saufen wie ein Bürstenbinder.» Und in seiner Schrift «Abrahamisches Gehab dich wohl!» behauptet der Barockprediger Abraham a Sancta Clara (1644–1709) in einem Abschnitt über die Bürstenbinder: «Das Sprichwort ist schon drey Meilen hinter Babylon bekannt: Er sauffet wie ein Bürstenbinder!»

Die sprichwörtliche Trinklust der Bürstenbinder lässt sich nur vor dem Hintergrund erklären, dass seit der frühen

Neuzeit für «trinken» oder «stark trinken» das Wort *bürsten* geläufig ist, auch in der Mundart: *Di hei literwiis Wii bbüürschtet.* Diese Ansicht vertritt auch Karl Gustav Andresen in seiner Deutschen Volksetymologie von 1883.

Bürsten für «trinken» kann entweder verstanden werden als «die trockene Kehle bürsten» oder «das Glas ausputzen». In seiner Tragedy Johannes der Täufer schreibt der Berner Johannes Aal in der Mitte des 16. Jahrhunderts: «Es durst mich wol so treffenlich seer, dem will ich trüwlich usshar bürsten – es dürstet mich gar sehr, das will ich kraftig ausbürsten.»

Und Ludwig Uhland (1787–1862) dichtet im Schenk von Limburg:

«Nun macht die Jagd mich dürsten,
Drum tu' mir das, Gesell,
Und gib mir eins zu bürsten
Aus diesem Wasserquell.»

Weil man für trinken *bürsten* sagen kann, kam irgendein Spassvogel auf die Idee, den Zecher *Bürstenbinder* zu nennen und für stark trinken *saufen wie ein Bürstenbinder* bzw. *suuffe win e Büürschtebinder* zu sagen. Die sprichwörtliche Trinkfreudigkeit der Bürstenbinder unterstreicht auch ein Besenbinderlied, das der Schriftsteller Gotthold Ephraim Lessing als Kind von einem Besenbinder gehört haben will und das er Friedrich Nicolai in einem Brief vom 20. September 1777 mitteilt:

«Wenn ich kein Geld zum Saufen hab,
So geh und schneid ich Besen ab,
Und geh die Gassen auf und ab,
Und schreye: Kauft mir Besen ab,
Damit ich Geld zum Saufen hab.»

Mit hineinspielen mag noch, dass man früher Burschenschaften, aber auch Zechgenossenschaften, wegen ihrer gemeinsam verwalteten Börse, *Burst*, in der Mundart *Puursch*,

Puurscht nannte. Das bestätigt Heinrich Klenz in seinem Buch «Die deutsche Druckersprache» von 1900:

«Nun gibt es aber ein Wort ‹bürsten› mit der Bedeutung ‹trinken›; man hat es mit ‹Burse› (studentische Genossenschaft) zusammengebracht. Dieses ‹bürsten› wird dem Volkswitze auf jene Redensart verholfen haben.»

Da in der Redensart der Ausdruck *win e Büürschtebinder* «stark, sehr» meint, wurde er auch auf andere Tätigkeiten übertragen. Belegt sind *ässe, flueche, lüge, rouche, schwitze* und *ufbegääre win e Büürschtebinder,* im Rheinland *sich plogen wie e Beaschtebinder,* hochdeutsch *laufen wie ein Bürstenbinder.*

I dr Tinte sii

I dr Tinte sii, i dr Tinte hocke, i de Tinte sitze meint «in Schwierigkeiten sein, in der Klemme sitzen», z. B. *sider das er d Stell het verloore, isch er mit sim nöien Eifamiliehüsli schöön i dr Tinte.*

Tinte ist ein ganz besonderer Saft. Das Wort *Tinte* kam im frühen Mittelalter mit der Kunst des Schreibens auf Pergament, später auch auf Papier, in unsere Sprache. Es ist entlehnt aus mittellateinischem *aqua tincta* «gefärbtes Wasser» und entwickelte sich im Deutschen aus *tincta* über *tincte* zu *Tinte*. *Tincta* ist die substantivierte weibliche Form des Partizips Perfekt von lateinisch *tingere* «benetzen, färben». Das Wort *Tinte* ist verwandt mit *Tinktur* und *tunken*.

Tinte wirkte für Menschen, die vor allem mündlich miteinander verkehrten, insofern bedrohlich, als mit ihr mehr und mehr öffentliche Händel, Geschäfte, Rechtsstreitigkeiten, Verträge über ein Menschenleben hinaus, d. h. für die Ewigkeit, festgeschrieben blieben. Wer einmal in die Tinte kam, kam kaum wieder aus ihr heraus. Die Redensarten *i d Tinte choo* bzw. *i d Tinte gheie* «in Schwierigkeiten geraten» und *us dr Tinte choo* bzw. *sich us dr Tinte hälffe* «aus der Patsche ziehen» sind deshalb bis in unsere Zeit erhalten geblieben. Wer auffällig wurde, den hatte die Obrigkeit *in der Feder* oder *in der Tinte*. In einem Brief von 1512 heisst es, dass die Bergeller den Hauptmann Conrad von Planta «viler ungereimten stuken halben [...] in der federen oder dinten habind», d. h. dass er wegen Ungereimtheiten aktenkundig geworden ist.

Besonders unangenehm war es für jemanden, wegen Schulden in der Tinte zu sein oder in der Tinte zu sitzen. Deshalb kann die Redensart *i dr Tinte sii* bzw. *i dr Tin-*

te hocke «Schulden haben, verschuldet sein» meinen. Der Basler Chronist Christian Wurstisen schrieb 1580, dass der neue Bischof von Basel wegen Geldhändeln seines Vorgängers «noch tieffer in die dinten stecket», und Theodor Spieser schreibt in seinem lateinisch-deutschen Wörterbuch von 1700 «einem in der Dinten seyn» heisse «einem etwas schulden».

Im religiösen Schrifttum konnte die Schuld, die jemanden in die Tinte brachte, auch moralischer Natur sein. So mahnt der Zürcher Theologe Johann Wirz in seinem Spiegel der unermesslichen Gnad Gottes von 1650: «Wir machen täglich neue Schulden und kommen dem himmlischen Vatter in die Dinten.»

Bereits im 16. Jahrhundert löst sich jedoch die Redensart *in der Tinte sein, in der Tinte sitzen* von finanziellen oder moralischen Schuldverpflichtungen und wird gebraucht in der verallgemeinerten Bedeutung «in Schwierigkeiten sein, in der Klemme sitzen». In einem Brief vom 26. August 1521, der im Basler Staatsarchiv liegt, klagt der Schreiber, andere würden «den kopf aus der halfter ziehen und allein mein gnedigsten hern lossen in der dinten sitzen». Auch der Humanist Geiler von Kaysersberg (1445–1510) braucht *in der Tinte sein* bzw. *in der Tinte stecken* im Sinne von «in Schwierigkeiten sein».

Die Redensart *in der Tinte sitzen* erweckt den Anschein, sie gehe von dem Bild aus, dass jemand körperlich in der Tinte sitzt und sich beschmutzt. Die ältere Form *in der Tinte sein* und die historischen Belege weisen eher darauf hin, dass die belastenden Fakten desjenigen, der in der Tinte sitzt, mit Tinte auf Pergament oder Papier festgeschrieben sind. *In der Tinte sitzen* oder *in der Tinte stecken* hat sich vielleicht durchgesetzt, weil, wer in Schwierigkeiten ist, auch *im Dreck stecken, in der Klemme sitzen* oder *in der Patsche sitzen* kann.

In der Tinte sitzen, i dr Tinte sii oder *hocke* ist in der Schriftsprache und in den Mundarten heute noch geläufig. In der Sonntags-Zeitung vom 15. April 2012 schrieb der Kolumnist Roger Schawinski unter dem Titel «Wir sitzen in der Tinte» über den Steuerstreit der Schweiz mit anderen Ländern. Die Mundartform der Redensart finden wir z. B. im Zürichdeutschen Wörterbuch *er sitzt i de Tinte,* im Baselbieter Wörterbuch *in der Dinte syy*, im Bödellitüütsch Wörterbuch *är ischt töüf ir Tinte* und im Alemannischen Wörterbuch der süddeutschen Alemannen *in de Dinte hocke*.

Dr Tschuep isch uus

Dr Tschuep isch uus meint «die Angelegenheit ist zu Ende bzw. entschieden». Simon Gfeller beschreibt in seiner autobiografischen Erzählung «Drätti, Müetti u dr Chlyn» einen Jodler, dessen wildes Tanzen abrupt endet. Er sei *«ebstoche u het müesse hueschte wie-n-es strängligs Ross u dermit isch dr Tschuep us gsi»*. Auch Jeremias Gotthelf, Rudolf von Tavel und andere Berner Autoren brauchen die Redensart in ihren Geschichten. Sie scheint nur im Bernbiet verbreitet zu sein; auch heute hört man sie noch ab und zu.

Für die Redensart gibt es zwei Erklärungen. Die erste geht von einem Versteckspiel aus, das man gruppenweise spielte. Eine Gruppe versteckte sich, die andere musste suchen. Dieses Spiel nannte man im Bernbiet, aber auch im Baselbiet, in der Innerschweiz und im Bündnerland *Tschuepens* oder *Tschiep spile, Gugguus spile* bzw. *tschuepe*. Der älteste Beleg zu diesem Spiel im Wörterbuch der schweizerdeutschen Sprache ist aus dem 17. Jahrhundert und beklagt «das Schupp machen der Jugend uff der Gassen», das doch verboten sei. Auf das Spiel bezogen meint *dr Tschuep isch uus* natürlich «das Spiel ist aus».

Tschuep oder *Tschuepens* heisst das Spiel, weil während des Spiels *tschuep* oder *schuep* gerufen wird, wobei der Wechsel zwischen *sch-* und *tsch-* im Anlaut oft vorkommt, wie bei *schuld/tschuld* und *schiengge/tschiengge*. Man rief *tschuep* beim *Iiluege*, z. B.: *Tschuep, tschuep, drü Löcher im Huet u eis i dr Chappe, wart i will di scho ertappe*. Oder man rief *tschuep* beim Suchen. Ein Gewährsmann aus Augst im Baselbiet erzählt im Jahr 1940:

«Die Suchenden müssen einige Minuten *iiluege*. Dann rennen sie aus dem *Ziil* auf die Suche. Wenn sie die Versteckten sehen, rufen sie laut *tschuep* und laufen ins Ziel zurück. Wenn aber einer der vorher Versteckten vor ihnen im Ziel ist, müssen die gleichen nochmals *iiluege*.»

Auch am Schluss konnte *tschuep* gerufen werden. Aus Schüpfen ist überliefert:

«Welche Partei zuerst vollzählig wieder den Sammelplatz erreicht, lässt ein wiederholtes *tschuep* erschallen und hat gewonnen.»

In der Redensart *dr Tschuep isch uus* hat sich, legt man ihr das Spiel zugrunde, die Bedeutung «das Spiel ist aus» verallgemeinert zu «die Angelegenheit ist zu Ende bzw. entschieden».

Die zweite Erklärung stammt aus der Fachsprache der Zimmerleute. Früher legte man Holzböden aus breiten Brettern oder Riemen, sogenannte *Riemmeholzböde*, *Träämböde* oder *Tschuepböde*. Weil das Holz arbeitete, konnten sich die Bretter solcher Böden mit der Zeit lockern, sodass sich zwischen ihnen Spalten bildeten. Damit man den Boden wieder befestigen konnte, fügte man ein konisches Brett ein, das mit dem breiteren Ende aussen über die Hauswand vorragte. Dieses konische Brett nannte man den *Tschuep*.

War der Boden locker geworden, schlug man mit einem schweren, langstieligen Hammer auf den *Tschuep* und trieb so das konische Brett zwischen die andern, bis der Boden wieder fest und dicht war. Die Prozedur konnte man so oft wiederholen, bis kein *Tschuep* mehr über die Hauswand vorragte, also bis *dr Tschuep us* war.

Das Wort *Tschuep* hat in diesem Zusammenhang auf den ersten Blick nichts zu tun mit dem Versteckspiel. Es meint ja «konisches Bodenbrett». Meiner Meinung nach ist es eine Variante von *Schub*, *Schueb* und abgeleitet vom Verb *schiebe*, wie bei *Schub*- oder *Schueblade*. Der *Tschuep* ist das konische Bodenbrett, das man zwischen die anderen *schiebt*.

Vielleicht – das ist jedoch nur eine Vermutung – haben der Ruf des Versteckspiels und das konische Bodenbrett, das *Tschuep* heisst, denselben Ursprung, nämlich das Wort *schiebe*. Der Ruf *tschuep* im Spiel wäre dann als Herausforderung der Suchenden an die Versteckten zu verstehen, sich zwischen sie und den Anschlag zu schieben und so auf gut Glück ihr Versteck preiszugeben. Träfe das zu, führten beide Erklärungen von *der Tschuep isch uus* auf verschiedenen Wegen zum selben Ziel.

Em Tüüfel ab em Chare gheit

Er isch em Tüüfel ab em Chare gheit meint «er ist ein übler, böser, schlechter Kerl», z. B. schreibt Jeremias Gotthelf von gottlosen Wucherern, das seien *«Lüt, wie wenn si dem Tüfel ab em Charre gheit wäre»*.

Das Bild vom Karren des Teufels ist alt. Wohl die älteste Formulierung findet sich in der in viele Sprachen übersetzten, weit verbreiteten Erbauungsschrift «Hortulus rosarum – Das Rosengärtlein» des Augustiner-Chorherrn und Mystikers Thomas von Kempten (um 1380–1471). Dort heisst es in einer berühmten Gegenüberstellung der christlichen zur weltlichen Liebe:

«Amor christi currus helye ascendens in celum. Amor mundi quadriga diaboli trahens ad infernum. – Die Liebe Christi ist gleichsam der Wagen des Elias, der zum Himmel führt, die Liebe der Welt aber ist der Karren des Teufels, der abwärts zur Hölle fährt.»

Der Ausdruck «quadriga diaboli – Karren des Teufels» wird im 16. und 17. Jahrhundert von vielen Kommentatoren aufgenommen. In der weltlichen Literatur wird das Bild vom Karren des Teufels von Miguel de Cervantes (1547–1616) im Don Quichotte aufgegriffen. Als Don Quichotte den Fahrer des Todeskarrens anspricht, sagt er: «Carretero, cochero, o diablo, o lo que eres – Karrer, Kutscher, oder Teufel, oder was du bist.» Ein früher Übersetzer übersetzt denn den Ausdruck «carro, o carreta, de Las Cortes de la Muerte» in der Kapitelüberschrift dem Sinn entsprechend mit «Karren des Teufels». Auch in Victor Hugos Roman «Der Glöckner von Notre Dame» (1831) sagt der Hauptmann zum betrunken schlafenden Johannes: «Um so schlimmer, wenn dich der Karren des Teufels im Vorbeifahren aufliest!» Und Gotthelf schreibt im Roman «Die Käserei in der Vehfreude» (1850): «Da tun die Leute über die Nägelibodenbauers so wüst, als ob sie für nichts gut wären als für des Teufels Karren.»

Der Ausdruck *des Teufels Karren* oder *der Karren des Teufels,* seltener *der Wagen des Teufels,* ist also seit dem 15. Jahrhundert bekannt. In der Neuzeit sagte man oft den ersten Dampfzügen und den ersten Automobilen *Teufelskarren*. Vom Ausdruck *Karren des Teufels* geht die Redensart *dem Teufel vom Karren gefallen, em Tüüfel ab em Chare gheit* aus. Der Karren des Teufels ist ja unterwegs zur Hölle, und was von ihm herunterfällt, kann deshalb nur äusserst schlecht, böse und verworfen sein. Die Redensart ist wohl im 18. Jahrhundert entstanden. Berthold Auerbach braucht sie in seiner Schwarzwälder Dorfgeschichte «Die Vakanz» um die Mitte des 19. Jahrhunderts. Da wird von einem gesagt, er habe sich «für einen Freiheitsmann ausgegeben, da ist aber ein Brief von drüben rüber gekommen, dass er dem Teufel vom Karren gefallen und für den Galgen zu schlecht sei».

In ihrer Form steht die Redensart im Zusammenhang mit vielen anderen, die sagen, dass etwas oder jemand dem Teufel auf dem Weg zur Hölle entwischt ist. Allein im Wörterbuch der schweizerdeutschen Sprache sind verzeichnet: *Em Tüüfel vom Schwanz gheit, em Tüüfel ab de Hose gfalle (grütscht), em Tüüfel ab de Horne gheit (gsprunge), em Tüüfel ab em Schlitte (Wage) gheit, em Tüüfel ab dr Lantwid gheit*. Ähnlichen Sinn «dem Teufel entsprungen» haben *em Tüüfel us em Chessi gumpet, em Tüüfel ab dr Bleiki etrunne*. Aus deutschen Mundarten sind belegt: *Em Deufel us dr Bude* (Butte) *gjuckt, dem Düwel aus der Hott* (Kip) *gespronge (gehöp), dem Düwel üt de Kast gekrope, dem Teufel aus den Klauen gekommen.*

Em Tüüfel es Oor ab

Em Tüüfel es Oor ab meint «sehr, stark, übermässig», z. B. *er het dr ganz Aabe gschnuret, em Tüüfel es Oor ab* bzw. *er fluechet em Tüüfel es Oor ab.*

Die Redensart, die ausdrückt, dass etwas so masslos getan wird, dass sogar dem Teufel, der Übelstes gewohnt ist, ein Ohr abfällt, ist in den Mundarten und in der Umgangssprache im ganzen deutschsprachigen Raum geläufig. In der Schriftsprache wird sie nur selten gebraucht. Ludwig Dinklage gab 1942 ein Buch heraus mit dem Titel «Wir segeln dem Teufel ein Ohr ab!» und 20 Minuten zitiert in einem Artikel vom 26. Januar 2010 den Direktor der Vereinigten Schweizerischen Rheinsalinen mit den Worten: «Wir produzieren derzeit dem Teufel ein Ohr ab.»

Die frühesten Belege sprechen nicht vom Ohr, sondern vom Horn des Teufels. In seinem Lehrbüchlein «Gerichtlicher Fewerzeugk» von 1564 sagt der Theologe und Pädagoge Heinrich Knaust, dass man in Gerichtsprozessen «dem Teuffel ein Horn vom Kopff herunder» spreche. Und der Schriftsteller Johann Fischart (1546–1591) schreibt in seiner berühmten Geschichtsklitterung von einem, der «flucht unterwegen dem Teuffel ein Bein auss dem Arss, unnd dass linck Horn vom Kopff».

Im 17. und 18. Jahrhundert vereinheitlicht sich die Redensart, vor allem in der Predigtliteratur, zu *dem Teufel ein Ohr abschwören*. Die Beispiele sind sehr zahlreich und reichen von Ignatius Trauner (1690) «sage *tibi dabo* / so schweret man dir zu lieb dem Teuffel ein Ohr ab», über Georg Christian Krieg (1693) «und wird dem Teuffel ein Ohr abschwören / er hab es selbst so theur gekauft» und Johann Franz von Gianetti (1724) «nach Kräfften liegen /

dem Teuffel ein Ohr abschweren» bis zum wortgewaltigen Barockprediger Abraham a Sancta Clara (1644–1709), der die Redensart oft braucht, z. B. wenn er sagt:

«Falsch Schwören ist schwer, und schwöret mancher dem Teufel ein Ohr ab, und kommt nachmals zum Teufel, welcher sein Ohr wird ziemlich rächen.»

In seine Sammlung «Teutsche Idiotismen» von 1797 nimmt der Schulmann Georg Thomas Serz die Redensart denn auch in der Form auf: «Er schwört dem Teufel ein Ohr ab.» In der Folge scheint sich die Redensart *dem Teufel ein Ohr ab* vom Wort *schwören* zu lösen. Bereits Ludwig Bechstein (1801–1860) bringt sie mit *lügen* in Verbindung in der Sage «Die scharfe Schere»:

«Der arme Teufel! Es ist schrecklich, wie ihm die Menschheit mitgespielt hat, und was er sich alles hat müssen gefallen lassen; er müsste sich vor seinem Schatten schämen, wenn er einen Schatten hätte. Haare, Hörner, Klauen und den schönen Schwanz hat er lassen müssen, beide nicht unbeträchtliche Ohren sind ihm längst abgelogen worden, denn das Sprüchwort besagt ja: Der lügt dem Teufel ein Ohr ab.»

In der Mundart kann man heute *em Tüüfel es Oor abschwöre, abflueche, ablüge, abschwätze, abschnure, abschimpfe, ablaufe, abrenne, abtanze*. Auch in der Schriftsprache hat sich *dem Teufel ein Ohr ab* von der engen Verbindung mit *schwören* gelöst und ist allgemeiner verfügbar geworden. Hübsch ist eine schwäbische Variante der Redensart mit einer kleinen Zutat: *«Er schwätzt dem Teufel en Ohr weg und no de kleine Zehe.»*

Ufpasse win e Häftlimacher

Ufpasse win e Häftlimacher meint «sehr gut aufpassen, auf der Hut sein».

Die Redensart ist in der Deutschschweiz noch sehr geläufig. Auch in Deutschland und in Österreich kennt man sie in der Form *aufpassen wie ein Heftelmacher* bzw. *wie ein Haftelmacher* oder *Haftenmacher*. Kaum jemand weiss aber heute noch, was ein *Häftlimacher* ist.

Der *Häftlimacher* betrieb wie der Huf- und der Nagelschmied, der Nadelmacher oder Nadler, der Wagner und der Schneider ein Handwerk. Er stellte unterschiedlich grosse und starke *Häftli* bzw. *Haften* oder *Heftel* her, also jene Häkchen und Ösen aus Messing, welche vor allem zum Verschliessen von Kleidern, Trachten, Bettüberzügen und Schuhen, den *Häftlischue* und *Häftlistifel,* verwendet wurden. Das Häkchen nannte man *Häftli* oder *Hääggli,* die Öse *Häftlimueter, Ringli* oder *Wiibli*. Mit *Häftli* schloss man Blusen und Hemden, bevor Knöpfe zum Verschliessen von Kleidern in Mode kamen und, nachdem sie zuerst ein Privileg des Adels und der hohen Geistlichkeit gewesen waren, von allen Ständen benutzt werden durften. Strenggläubige Täufer, sogenannte *Häftlitöiffer,* bedienen sich im Gegensatz zu den liberaleren *Chnöpflitöiffer* noch heute dieser *Häftli* statt der bei ihnen als hoffärtig verpönten Knöpfe. Ein Sprichwort lautet:

«Die mit Haken und Ösen wird der Herrgott erlösen.

Die mit Knöpfen und Taschen wird der Teufel erhaschen.»

Der *Häftlimacher* war oft auch Nadler, also Nadelhersteller. In der Regimentsverfassung der Stadt Strassburg von 1785 ist der «Steck- Nehe- Nadel- und Haftenmacher

Hr. Ludwig Felix Kien» aufgeführt. Der Haftenmacher betrieb ein armseliges, wenig lohnendes Handwerk. Für die Herstellung der kleinen Häkchen und Ösen musste er über gute Augen verfügen, deshalb sagte man auch, jemand habe *Ouge win e Häftlimacher*. Um auf ein geringes Verdienst zu kommen, musste er zudem rasch und doch konzentriert arbeiten. An den *Häftli* durften keine schlecht eingebogenen, spitzen Enden vorstehen, welche in die Haut stechen oder den Stoff beschädigen konnten. Daher die Redensart *ufpasse win e Häftlimacher* oder auch *öppis chönne win e Häftlimacher* «grosse Fertigkeit in etwas haben» und *tifig sii win e Häftlimacher* «sehr gewandt sein». Der Ausdruck *win e Häftlimacher* meint also immer «sehr, in hohem Mass». Im 1568 erschienenen Buch «Eygentliche Beschreibung Aller Stände auff Erden» von Hans Sachs steht über den «Heftelmacher» geschrieben:

«Ich mach Steckheft aus Messingdraht,
Fein ausgebutzt, rund, sauber, glatt,
Mit runden Köpflein gut und scharf
Aller Art, wie man der bedarf,
Geschwerzt und geziert, darmit man thut
Sich einbrüsten Weib und auch Mann,
Dass die Kleider glatt liegen an.»

Hans Jakob Christoffel von Grimmelshausen zählt die Haftenmacher in seinem Simplizissimus-Roman von 1669 kurzerhand zum «Gesindel»: «Unsere Hochzeit wurde auf einem Jahrmarkt begangen, da sich allerhand Landstörzer von guten Bekandten beifanden, als Pupaper, Seiltänzer, Taschenspieler, Zeitungssinger, Haftenmacher, Scheerenschleifer, Spengler, Leirerinnen, Meisterbettler, Spitzbuben, und was des ehrbaren Gesindels mehr ist.»

Verkauft wurden die *Häftli* vom *Häftlichrämer,* und zwar nicht einzeln, sondern als *Büscheli* an einem Drahtring, einem sogenannten *Häftliring*.

Der *Chachler, Chacheliflicker* oder *Chachelimaa*, der früher gesprungenes oder zerbrochenes irdenes Geschirr flickte, brauchte für seine Arbeit ebenfalls eiserne Haften. Er bohrte mit einem Spindelbohrer Löcher in die Geschirrstücke und fügte sie mit eisernen Haften, welche er durch diese Löcher zog, so zusammen, dass das Geschirr dicht war und wieder gebraucht werden konnte. Weil der *Chachler* mit brüchigem Material arbeitete, wird die Redensart *ufpasse win e Häftlimacher* heute oft auf den Kachler bezogen. Es ist jedoch nirgends belegt, dass der *Chacheliflicker* als *Häftlimacher* bezeichnet wurde.

Eine hochdeutsche Variante der Redensart *ufpasse win e Häftlimacher* ist *aufpassen wie ein Schiesshund*. Als Schiesshund bezeichnet man einen Jagdhund, der abgerichtet ist, abgeschossenes Federwild oder Kleinwild zu apportieren.

Zwüsche Wolen u Üettlige

Zwüsche Wolen u Üettlige meint «soso lala, weder gut noch schlecht, unschlüssig». Auf die Frage: *Wi geits?* kann man antworten: *Ee, eso zwüsche Wolen u Üettlige.* Auch wenn man zwischen zwei streitenden Parteien steht, ist man *zwüsche Wolen u Üettlige*, z. B. *bi dr Chrigen un em Fäbu isch me de scho zwüsche Wolen u Üettlige.*

Die Redensart beruht auf einem Spiel mit zwei Ortsnamen. Wohlen und Uettligen sind zwei benachbarte Dörfer im Westen von Bern; heute sind beide Teil der politischen Gemeinde Wohlen. «Wohlen gilt als eine der attraktivsten Wohngemeinden rund um Bern», heisst es auf der Internetseite der Gemeinde, die am Nordufer des Wohlensees gelegen ist. Wohl weil *Wole* ähnlich klingt wie *wohl* und *Üettlige* im beabsichtigten Zusammenhang an *übel* gemahnt, hat ein Spassvogel die Redensart *zwüsche Wole u Üettlige* erfunden, um damit «zwischen wohl und übel» anzudeuten. Die Redensart ist jung; der älteste Beleg im Wörterbuch der schweizerdeutschen Sprache ist aus dem Jahr 1903. Damals konnte man im Wochenblatt «Die Bauernstube» zum Krieg zwischen der Türkei und Bulgarien lesen:

«Am End wär's am Gescheidtesten, die Strigelei ginge bald los; es ist langweilig, so zwischen Wohlen und Ütligen herumzufahren.»

Der in Laupen geborene Mundautor Emil Balmer (1890–1966) brauchte die Redewendung wiederholt. In einer Erzählung sagt eine Figur über ihr Befinden:

«Nei, i begähre ke Wy; es isch mer ohni das hüt scho der ganz Tag ging zwüsche Wohle u Ütlige.»

An anderer Stelle kommentiert der Erzähler die Unschlüssigkeit einer Frau mit den Worten:

«Si weiss nid rächt, söll si mit ihm gah oder nid […] mi gseht ganz guet, dass es ere zwüsche Wohle un Ütligen isch.»

Das traditionelle Berndeutsch kennt übrigens eine ganze Reihe von Ausdrücken, um auf die Frage *wi geits* ein mässiges Befinden auszudrücken: *Wowool, gwüss rächt, aaständig, braav, oordeli, geng hüü, i bi zfride, es geit, wis äbe so geit, es mues, es ma iche, mi machts (füürzue) z gaa, mi chunt füür, i ma d Sach gmache, i nimes wis chunt, s chönnt strüber (schlimmer) sii, i wott nid chlage.*

D Wüürm us dr Nase zie

D Wüürm us dr Nase zie meint «geschickt aushorchen, ausfragen». *Die het im d Wüürm schöön us dr Nase zoge,* kann man sagen, wenn eine Frau einem Mann durch listiges Fragen entlockt hat, was er eigentlich nicht sagen wollte.

Die Redensart ist nicht nur im Hochdeutschen und in den Mundarten geläufig, auch im Französischen sagt man *tirer les vers du nez à quelqu'un.* Sie beruht auf der volksmedizinischen Vorstellung von wurmgestaltigen Krankheitserregern oder Krankheitsdämonen, die den Körper befallen und sich in ihm einnisten. Die Vorstellung war so verbreitet, dass selbst viele Krankheiten kurzerhand mit *Wurm* bezeichnet wurden. Den Krebs nannte man auch *fressenden Wurm.* Man konnte am *Haarwuurm,* am *Häärzwuurm,* am *Hutwuurm* und am *Trääiwuurm* «Schwindel, Fallsucht» leiden. *Hesch dr Wuurm* «bist du krank» kann man als scherzhaft gemeinte Frage heute noch hören. Auch hinter dem Ausdruck *das wuurmet mi* «das ärgert mich» steht die Vorstellung, dass einen der Wurm im Körper nagt.

Besonders das Gehirn von Wirren, Irren und Schwermütigen stellte man sich gern als von Würmern befallen vor. Noch heute ist ja die Frage *hesch Wüürm* «bist du verrückt» geläufig, wenn jemand Unsinn erzählt oder verrückte Ideen hat. Neben dem Wurm können im Kopf auch andere Tiere sitzen, z. B. Vögel. Im Hochdeutschen kann man jemandem, der Flausen hat, *die Grillen austreiben,* und im Berndeutschen ist jemand, der launisch ist, *vom Güegi gstoche.*

Obwohl der Zusammenhang der Vorstellung von Würmern im Kopf mit der Redensart *d Wüürm us dr Nase zie* offensichtlich ist, kann der Weg von dieser Vorstellung zur Redensart nicht eindeutig erklärt werden. Meist wird behauptet, auch von Lutz Röhrich im Lexikon der sprichwörtlichen Redensarten, dass sich Heiler und Kurpfuscher im 17. und 18. Jahrhundert den Glauben an Würmer im Kopf zunutze gemacht und behauptet hätten, sie seien in der Lage, Schwermütige und Verwirrte dadurch zu heilen, dass sie ihnen die Würmer, die ihren Kopf befallen hätten, aus der Nase zögen. Leider ist diese Praxis in Abhandlungen über traditionelle Volksmedizin nicht belegt.

Viel mehr überzeugt mich ein Erklärungsversuch der französischen Etymologie. Weil lateinisch *vermis* «Wurm» und *verum* «das Wahre, Tatsache» lautlich nahe beieinanderliegen, steht hinter dem Wort *vers* «Würmer» in der französischen Redensart *tirer les vers du nez à quelqu'un* eigentlich die Vorstellung von *verum* «das Wahre, Tatsache»; gemeint ist also «jemandem die Wahrheit aus der Nase ziehen». Ich neige dieser Erklärung zu, weil der früheste Beleg für diese Redensart im Deutschen Wörterbuch aus einem Sprichwörterlexikon von 1702 stammt und eines der frühesten literarischen Vorkommen in Goethes «Faust» steht. Dort prahlt Frosch in Auerbachs Keller, rasch etwas über Fremde zu erfahren:

«Lass mich nur gehn! bey einem vollen Glase,
Zieh' ich, wie einen Kinderzahn,
Den Burschen leicht die Würmer aus der Nase.»

Bemerkenswert scheint mir auch, dass bei Andreas Gryphius (1616–1664) der Ausdruck *der hat ihm ein greuliche Feder durch die Nase gezogen* belegt ist für «der hat ihn schändlich belogen». Also kann sowohl die Wahrheit als auch die Lüge durch die Nase gezogen werden. Alle diese Beispiele weisen eher auf einen Ursprung der Redensart *einem die Würmer aus der Nase ziehen* im gelehrten Milieu. Da ist eine lateinische Wortspielerei gut möglich.

Da isch dr Wuurm drin

Da isch dr Wuurm drin meint «hier stimmt etwas nicht». *Im Bankewäsen isch dr Wuurm drin,* kann man heute mit Fug und Recht sagen. Obwohl die Redensart in der Mundart geläufig ist, ist sie wohl nicht bodenständig, sondern aus dem Hochdeutschen übernommen.

In der Redensart ist mit *Wuurm* nicht der Regenwurm gemeint, sondern der Schädling. Das Wort *Wuurm* kann in der traditionellen Mundart viele Arten von meist als lästig oder eklig empfundenen, oft schädlichen Kleintieren bezeichnen. Neben dem Regenwurm, Insekten und Insektenlarven, Maden, Raupen, Käfer, Schlangen und schlangenähnliche Tiere wie Blindschleiche und Tausendfüssler, Frösche, Kröten, aber auch Krankheitserreger und Krankheiten überhaupt. Wer Unsinn erzählt oder verrückte Ideen hat, muss sich die Frage gefallen lassen *hesch Wüürm.*

Wer sagt, *da isch dr Wuurm drin,* vermutet oft nur, dass mit einer Sache etwas nicht stimmt, weil oberflächlich gesehen oder auf den ersten Blick betrachtet noch alles seinen richtigen Weg zu gehen scheint. Hinter dieser Redensart steckt deshalb der Schädling, der Pflanzen und ihre Früchte befällt. In einem bekannten Volkslied der Sammlung «Im Röseligarte» wird der von einem Wurm befallene Apfel verglichen mit der Verstellungskunst, die dem weiblichen Geschlecht angeboren sei:

«Es ist kein Öpfeli nie so rot,
es hed es Würmli i.
Sobald die Meitjä gebore,
füehre sie ä falschä Schi.»

Der Philologe Friedrich Jacobs schreibt in seinen Zerstreuten Blättern von 1837:

«Es ist die Sünde, welche nie vergeben wird, und, wie der Wurm in der Frucht, das, was Aeusserlich gesund und stark scheint, von innen heraus zerstört.»

In der Übersetzung von Dumas' Graf von Monte Christo aus dem Jahr 1906 von Max Pannwitz heisst es:

«Monte Christo hatte genug gesehen. Jeder Mensch hat seine Leidenschaft, die sich in seinem Herzen festsetzt, wie der Wurm in der Frucht.»

Auch im Französischen kennt man die Redensart *le ver est dans le fruit* für «da stimmt etwas nicht, da läuft etwas schief». *Da isch dr Wuurm drin* könnte sich aber auch auf den Holzwurm beziehen, der am Gebälk und an Möbeln nagt und ihre Festigkeit beeinträchtigt. Ins Obwaldner Mundart-Wörterbuch hat Karl Imfeld die Redensart *der Wurm im Holzwärch ha* mit der Bedeutung «es ist etwas faul an der Sache» aufgenommen.

S Zuckerpapiir het abgschlage

S Zuckerpapiir het abgschlage meint «die Verhältnisse haben sich verschlechtert», z. B. *bim Susi und em Max hät s Zuckerpapiir böös abgschlage.*

S Zuckerpapiir het abgschlage ist eine Redensart aus der Nordostschweiz, die aber auch in der Schriftsprache vorkommt. In einem Blogeintrag von 2009 ist zu lesen: «Karsai ist nach wie vor eine US-Marionette, obschon das Zuckerpapier abgeschlagen hat.» Die Redensart stammt aus der Zeit, in der man den Zucker noch als Zuckerstöcke oder Zuckerhüte verkaufte. Diese waren, wie Johann Christoph Adelung in seinem Wörterbuch aus dem letzten Viertel des 18. Jahrhunderts bereits bemerkt, in «starkes, blaues Papier» geschlagen. Man konnte das Zuckerpapier aber auch brauchen, um Zimmer zu tapezieren oder Bücher einzubinden; der Schriftsteller Theodor Fontane (1819–1898) erzählt von einem «kleinen, in blaues Zuckerpapier genähten Buche». In der Hausmedizin wendete man es sogar für medizinische Zwecke an. Bei starken Hautrötungen, der sogenannten *Überrööti,* musste man das Glied in Zuckerpapier wickeln, bei Zahnweh sollte man nachts darauf liegen. *Zuckerpapiir* war auch ein Kosewort; der Refrain eines Aargauer Liedes lautete: *Härz, miis Härz, miis Zuckerpapiir, wenn i di gsee, so gfallscht du miir.*

Das alles deutet darauf hin, dass Zuckerpapier ein ganz besonderes Papier war. In der um 1800 verfassten Oekonomischen Encyklopädie von Johann Georg Krünitz ist im Artikel «Papier» dem Zuckerpapier ein eigener Abschnitt gewidmet. Er hebt nicht nur die besondere Qualität des Zuckerpapiers hervor, er macht auch deutlich, dass das Papier damals noch aus vergärten Lumpen hergestellt wurde:

«Das Zuckerpapier, welches die Holländer liefern, hat Geschmeidigkeit und Festigkeit; es biegt sich, ohne zu zerbrechen; auch nehmen sie zu seiner Bereitung einen groben nicht gefaulten Lumpen, welchen sie mit scharf schneidenden Walzen zermalmen; sie leimen es sorgfältig, und nehmen das Austauschen mit ihm vor, nicht nur um seine Oberfläche zu mildern, sondern hauptsächlich um es inniger zu filzen.»

Wenn das Zuckerpapier abschlägt, ist es von geringerer Qualität, der süsse Inhalt bekommt eine schlechtere Verpackung. Weil diese Verschlechterung von aussen gut zu sehen ist, bemerkt das Wörterbuch der schweizerdeutschen Sprache, dass die Redensart meist mit Bezug auf Leute gebraucht wird, die infolge der Verschlechterung der Verhältnisse «in ihrem Auftreten, ihren Ansprüchen, Behauptungen usw. bescheidener geworden sind». So kann man sagen: *Iez grüesseds plötzli, bi dene hät s Zuckerpapiir aber böös abgschlage.*

S Zuckerpapiir het abgschlage ist belegt z. B. im Zürichdeutschen Wörterbuch *s Zuckerbapiir hät abgschlaage* und im Innerrhoder Dialekt *s Zockebapie het wacker abgschlage*. Im Obwaldner Mundart-Wörterbuch ist aufgeführt *ds Zuckerpapyyr hed uifgschlagä* «die (Liebes)Gunst ver!oren haben».

Eine ähnliche Bedeutung wie *s Zuckerpapiir het abgschlage* hat *s het wiit abegschneit*, z. B. *iez mues de Müller au no s Auto verchauffe, da häts aber wiit abegschneit*.

Christian Schmid
Nebenaussen

Roman. 229 Seiten, gebunden. Cosmos Verlag

Les Bornes zuhinterst in der Ajoie Anfang der Fünfzigerjahre: Ein stilles, abseitiges Paradies ohne Ausweg – eine Welt «näbenuss». Hier erwacht ein Kind zur Sprache, zum Begreifen und zum Ahnen.

«Kindheit, sprachlich zum Klingen gebracht. Christian Schmid entpuppt sich als starker, genuiner Erzähler.»
Charles Linsmayer, Der Bund

www.cosmosverlag.ch